Santa Muerte:
El arte espiritual de méxico contemporáneo

骸骨の聖母
サンタ・ムエルテ

現代メキシコのスピリチュアル・アート

加藤薫
kato kaoru

新評論

メキシコ市の巨大マーケット、ソノーラ市場内の「サンタ・ムエルテ・グッズ・ゾーン」。信仰と儀式に必要なものはすべてここで揃えることができる。

サンタ・ムエルテ像は普段は個人の家の祭壇や公共の礼拝堂に祀られているが，しばしば路上にも現れる。信仰が盛んな地区で定期的に開催される例祭では，信者たちがめいめい自分の奉ずる像を持ち寄り，披露しあう。その多様なデザイン・色・意匠には，「着せ替え人形」やフィギュアの楽しみに近いものが感じられる。

サンタ・ムエルテ信仰にはさまざまな儀式がある。信者たちは家庭内の祭壇を中心に、願い事に応じてそれらの儀式を執り行う。

［上］個人の祭壇に供えられた水や酒などの供物。

［中］お守り袋の中に葉巻の煙を吹き入れて封じ、煙の効能を高める。葉巻の煙は負のエネルギーの侵入を妨げ、環境を浄化するともいわれており、儀式の際に重視される。

［下］儀式で使用した葉巻の灰は絶対に床に落としてはならない。残った灰の形状で、その人の持つ正（生）のエネルギーの源泉（守護神でもある）がわかるとされているのである。筆者の「入信儀式」では、かなりレアな「ドラゴン」の形状が現れた。

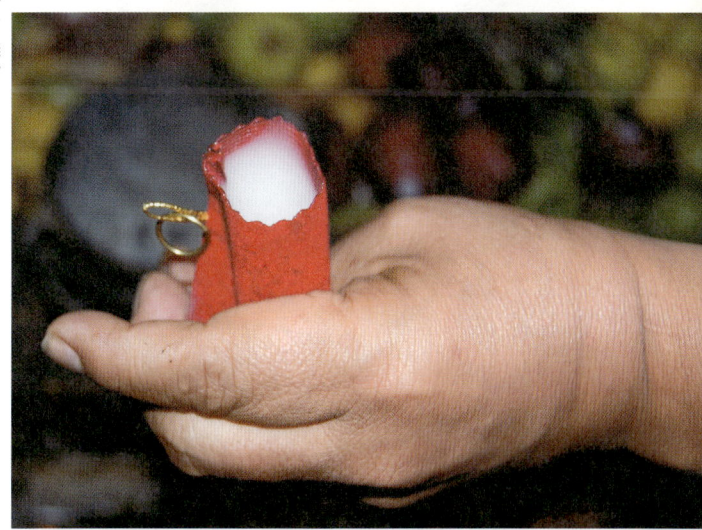

サンタ・ムエルテ信仰は，厳格な規則がある一方で，その適用には一定の柔軟性があり，自分に合った仕方で信仰することができる点も魅力のようだ。聖像の多様性＝表現の自由度もその一端といえるだろう。また信仰に必須の祭壇にしても，家庭内に立派なものを設置する人もいれば，持ち運べるモバイルタイプの簡易な祭壇を作る人もいる。

　［上］例祭で出会った少女が，自分専用のバックパック型祭壇を見せてくれた。
　［中］小さな段ボールの祭壇。自室を持てない子どもでも，こうして自分だけの祭壇を持つことができる。
　［下］キリスト教のピエタ（「十字架から降ろされたイエスの遺骸を抱く聖母マリア」の形で描かれた聖母子像）に類似した等身大サイズの像。

プロローグ

2007年の独立記念日

　お祭り好きで知られるメキシコでも最大の国民行事といえば，まずは毎年9月16日に盛大に祝われる独立記念日（メキシコ独立革命が1810年9月16日に始まったことから）である。前日の15日には全土で盛大な前夜祭が開催され，テレビはリレー中継で各主要都市でのその模様を絶え間なく放映する。日本の大晦日深夜のテレビを思い浮かべてもらえば想像がつくだろう。首都メキシコ市の歴史地区にあるソカロ（憲法）広場には数万人の群集が集まり，人々は普段の仮面をかなぐりすてて，祝祭時のみに許される本性をあらわす。前夜祭のクライマックスは，大統領の演説が始まる夜の9時前後から，数万発の花火を打ち尽くす深夜までの数時間である。

　メキシコ市内では，15日の昼頃からソカロ広場周辺に大幅な交通規制が敷かれる。自動車乗り入れ禁止はもちろんのこと，テロ対策としての必要もあって歩行者も厳重な荷物チェックと身体検査を受ける。整然と規制されて歩行者天国となった道路には即席の露店が立ち並び，夕方になれば山と積まれた商品と行き交う人の波で身動きもままならない。「ああ，本当にメキシコにいるんだな」という気分に浸れる瞬間でもある。

左：2007年9月15日，独立記念日前夜祭前のソカロ広場の風景／右：ソカロ広場に通じるマデロ通り（歩行者天国となっている）で，出身地の民俗衣装を売る人々

たいがいは毎年同じ光景が繰り返されるのだが，2007年は少々様子が違っていた。9月15日の午後4時頃，すでに歩行者天国となったアラメダ公園の南に面したファレス通りを，独立記念日を祝うにはちょっと異様な風体の50人ほどの集団が行進していたのだ。

　見たところ女性が多く，年齢は上が60歳代，下は小学生くらいと幅広い。先頭の男性2人が掲げるやや黄色がかった骨色地の横断幕には，黒文字で「サンタ・ムエルテ万歳（VIVA LA SANTA MUERTE!）」と書かれていた。その後ろを歩く女性たちは，手作りらしき色とりどりの衣装を着せた骸骨顔の聖像をめいめい腕に捧げもっている。直感的に「これはゴスだ」という印象をもった。それもかなり泥くさいゴス，いってみれば普段着のゴスだ（ゴス・ファッションの「正統」からすると，「カジュアルなゴス」というのは語義矛盾だという指摘もあろうが）。そして人々は，リーダーの掛け声に合わせて「メヒコ（メキシコ），万歳，ビン，ボン，バン！　独立を祝って，ビン，ボン，バン！　サンタ・ムエルテの祝福だ，ビン，ボン，バン！……」と繰り返し叫んでいた。死神様の聖像を崇める集団が，公共空間に自らを曝し，その存在を主張している……興奮した私は行進を食い入るように見つづけた。いつもならシャッターを切りまくるところだが，このときは眼で追うのに夢中で，デジカメをとりだすことすら忘れていた。

　この日の興奮がまだ覚めやらぬ2007年10月12日，メキシコ市歴史地区でまたまた類似の集団に出くわした。白昼堂々，やはり骸骨顔の聖像を掲げる数百人の人々が，カトリック教会に対して自分たちのこの新しい信仰を認めよと主張するデモ行進を行っていたのである。これはもはや，ゴス・ファッションやゴス・カルチャーの文脈だけではとらえきれない現象なのではないかと感じた。

　サンタ・ムエルテ（Santa Muerte）＝死の聖母。その正体は本論でおいおい探求していくとして，ここではそれが，骸骨に聖母の衣装をまとわせた聖像を崇める新しい信仰であることだけを述べておこう。

✤ メキシコのファッション・ストリート「エル・チョポ」

　メキシコ市内には，東京の原宿や秋葉原に相当するような若者の集う一角がある。エル・チョポと呼ばれるこの地区には毎週末，やや古めかしい正統派パ

左："サンタ・ムエルテ・マガジン"の数々。メキシコのキオスクなどで手に入る／右：人気グループLos Llayrasが2006年にリリースしたCD『Mi Santa Muerte（私のサンタ・ムエルテ）』のジャケット

ンクファッションからアニメのコスプレ，ルチャリブレ（メキシカン・スタイルのプロレス）のマスクなどで思い思いに着飾った若い男女が集まる。数はさほど多くないものの，悪魔崇拝・ドラキュラ系のゴス・ファッションも見られた。私は自分の直感に操られるようにして，この若者の熱気溢れるファッション・ストリートのなかに，例の骸骨顔の聖像との関連がうかがわれるようなイコンはないかとふらついていた。

　ふと，向こうから歩いてくる若者に目が止まった。黒地のTシャツの胸には，メキシコ革命の指導者エミリアーノ・サパタの肖像が。ただし顔の部分だけが骸骨になっていた。私はさっそく彼をつかまえて訊ねてみた。「サンタ・ムエルテって知ってるかい？」若者は外国人からの唐突な質問にとまどいながらも，「知ってるよ，いちおう」と答えてくれた。しかし彼の知識は，サブカルチャーの一つ，カトリック支配への対抗的表象としての骸骨聖像信仰，というあたりまでだったらしく，それ以上詳しい話は聞けなかった。それでも，彼はサンタ・ムエルテに関連するCDが出ていることを教えてくれ，それを売っている露店まで私を案内してくれた。その露店にはサンタ・ムエルテをメインテーマとした音楽CDがずらりと並んでいた。

　宿に帰ってインターネットで検索してみると，アラメーダ公園近くの中華街(バリオ・チーノ)にあるレストランが，店頭に宣伝用として等身大に近いサンタ・ムエルテ像を置いている写真を見つけた。中国系メキシコ人もこの骸骨聖像を崇めているのか？　それほど普及した信仰なのか……？　疑問は深まるばかりだった。

プロローグ

カテドラル小路の店に所狭しと置かれたサンタ・ムエルテ・グッズ

骸骨聖像，カトリックの総本山近辺にあらわる

　ソカロ広場に面した首都大聖堂は，メキシコのみならずラテンアメリカ全域のカトリックの総本山として威容を誇っている。スペイン人たちは，16世紀にアステカ帝国を征服した後，先住民の魂の征服の象徴として，自分たちが破壊したアステカの神殿跡に大聖堂を建てた。これが現在の首都大聖堂である。為政者や建築家が代わるたびに設計図は変更され，完成したのは何と19世紀だった。建築様式としてはマニエリスム，バロック，そして新古典主義と，さまざまな時代の流行を反映した要素が混在している。

　大聖堂の北側にある商店街の一つに，カテドラル小路という50メートルほ

左：店先に置かれた大きなサンタ・ムエルテ像／右：近代医学で異端視される民間療法のさまざまな材料も売られていた

どのアーケード街がある。石造建築の1階部分を貫く通路の両側には，書店と駄菓子屋を除けばすべて「キリスト教グッズ」を販売する商店ばかりが並んでいる。よもやとは思ったが，30軒はあろうかというそれらの商店を1軒1軒見てまわった。驚いたことにそのうちの1軒で，健康食品や各種薬草などと一緒に色とりどりのサンタ・ムエルテ像を販売していたのだ。一番大きな聖像は，店内に入りきらなかったのか，通路にはみ出して置かれていた。

　サンタ・ムエルテ信仰は，カトリックの教義を反映してはいるが，まだ教会から公式に認可されてはいない。2003年には，司教ダビッド・ロモが，カトリックに新興勢力をとりこむ目的でこのサンタ・ムエルテ信仰を承認すべしと提案し，謹慎処分になっている。それほど厳格なカトリックの総本山のお膝元で，まだ異端扱いされているサンタ・ムエルテの像が売られている。売られているということは，買う人がいるということである。いったい誰が，首都大聖堂の近くでわざわざこの骸骨聖像を買うというのだろうか。あるいはこれは，大衆がカトリック教会の公式見解とは無関係に，骸骨の聖母を聖人として認知していることの証なのだろうか。

　さらにサンタ・ムエルテ信仰の痕跡は，メキシコ市北端のラ・ビリャでさえ見つかった。ラ・ビリャは，ラテンアメリカのみならずアメリカ大陸全体で敬愛されている「グァダルーペの聖母」の図像のオリジナル版があり，毎年数十万人の巡礼者が訪れる聖地である（ 訪問レポート 8 ）。聖母教会堂の門前に位置する大きな商店街とは別に，敷地の北東端にもさまざまなグァダルーペ関連グッズを売る屋台が軒を連ねる小さなマーケットがある。その中に，サンタ・ムエルテ関連グッズだけを売る店があった。そしてこのマーケットの一角には，

骸骨聖像を祀る小さな礼拝堂すらあった。そしてなぜか，サンタ・ムエルテとともに，麻薬業者の守護聖人とされるマルベルデの像（訪問レポート7）も売られていた。

犯罪組織とのかかわり

　メキシコのサンタ・ムエルテ信仰は，これまで何らかの犯罪組織の存在と結びつけて報道されることが多かった。2007年4月，アメリカ合州国との国境に近いタマウリパス州ヌエボ・ラレドで，身元不明の男女計40名ほどの遺体が路上に放置されるという事件が起きた。明らかに他殺だが，事件の真相はいまだ闇の中だ。地元警察の発表では，遺体の多くにサンタ・ムエルテ像の刺青が見られたという。この警察発表自体，脚色されている可能性が高いが，いずれにせよ主に犯罪ネタを扱う大衆向けのタブロイド紙は，おおかた国境付近で裏ビジネスに従事していた怪しげなカルト集団が，敵対する組織に虐殺されたのだろうという話に仕立て上げていた。それほどあざとくない主要メディアも含め，当時の論調からは，サンタ・ムエルテ信仰を犯罪や闇社会と結びつけようとするメキシコの「表社会」の発想が読みとれた。

　メキシコでは2007年頃から「麻薬戦争」が激化している。やはりアメリカ合州国との国境近くの街シウダ・ファレス（チワワ州）では，軍・警察VS麻薬業者の「戦争」の犠牲者だけでなく，麻薬業に従事するマフィア間の抗争や，軍VS地元警察の対立の犠牲となった住民や官憲の遺体が毎日のように見つかるという。犠牲者は老若男女を問わない。週刊誌や新聞はこれらの事件をことさらにサンタ・ムエルテ信仰と結びつけたがり，記事にする際には骸骨聖像の図像を目立つ形で使っているものが多く見られる。

　ヌエボ・ラレドの南20キロほどの場所には，白塗り平屋建て・ガレージ風の礼拝堂がある。私有地の一角に建てられたものだが，周辺の住民に開放されている。中に納められた等身大のサンタ・ムエルテ像は，いつも信者が供える色とりどりの花などの供物に囲まれている。明るい陽光の下で見ると，犯罪組織や闇社会のカルトという印象は受けない。人々の篤い信仰の念が感じられるだけだ。このような場所には本来ならば，長い信仰の伝統を持つグァダルーペの聖母像が鎮座しているべきではないか，と感じたりもする。探してみると，

メキシコ市内にも同様の礼拝堂があった。片道4車線もある幅広のカルサダ・デ・ラ・ビガ大通りに面した舗道に，車道側を向いて建てられた床面積6畳分くらいの小さな礼拝堂である（訪問レポート10）。中にはやはり骸骨の聖母がおり，周りは新鮮な花で満たされていた。まるで道祖神である。そこには篤信の信者たちの面影こそ感じられるものの，犯罪組織のイメージはどうしても浮かんでこなかった。

映像作品など

　メキシコ市南部にあるメキシコ国立自治大学（UNAM）も訪ねてみた。敷地内に設けられた大学美術館のミュージアム・ショップで，サンタ・ムエルテに関する視覚資料はないかと尋ねたところ，2本の映画を教えてもらった。1本は2003年公開のパコ・デル・トロ監督作品，もう1本は2007年公開の女性映像作家エバ・アリヒデスによるややアカデミックなドキュメンタリー作品で，両方ともタイトルは『ラ・サンタ・ムエルテ』。アリヒデスの作品はUNAM直営の教育テレビチャンネルでも放映されたという（テレビの方は未見のため，内容が同一かどうか未確認）。さらに，この原稿を書いている間にも，サンタ・ムエルテに関する複数の新作映像が一般公開されたらしい。

　また2006年末には，ジャーナリストのオメロ・アリヒデス（前出の映像作家の夫。ただし最近離婚したらしい）が『ラ・サンタ・ムエルテ』と題する小説をペーパーバックで出版している。読んでみると非常に興味深いものだった。生成途中のサンタ・ムエルテ信仰とそれをめぐる現象の総体を描くためには，フィクションの形式を採る以外になかったことがよくわかる。

　こうしてみると，筆者がサンタ・ムエルテに邂逅した2007年は，この新しくも根の深い信仰現象がメキシコ社会の表舞台に登場してきた時期にあたり，「SM元年」（最近ではサンタ・ムエルテをSMという略号で表すことも多い）

左：パコ・デル・トロ監督『ラ・サンタ・ムエルテ』DVDジャケット／右：オメロ・アリヒデスの小説『ラ・サンタ・ムエルテ』表紙

ともいうべき年だったのかもしれない。

🌹 サンタ・ムエルテ現象

　サンタ・ムエルテとは一体誰なのか。なぜ骸骨姿なのか？　新興宗教なのか，はたまたマフィアのカルトか？　それとも，民衆の生活の中に長らく隠されていた秘めたる信仰なのか？　どんな人々が，何を期待して骸骨の聖母を崇めているのか，どんな信仰組織が存在するのか？──調べれば調べるほど，頭の中はそんな疑問で一杯になった。

　メキシコには「死が日常生活の中に当たり前のように存在している」といわれる。骸骨のイコンも豊富だ。アステカやマヤといった先スペイン時代の遺物の中には骸骨の図像が山ほどあるし，頭蓋骨のレリーフが刻まれたツォンパントリ（頭蓋骨の台座）と呼ばれる建造物もある。近代以降では，メキシコを代表する画家ホセ・グァダルーペ・ポサダの版画作品をご存じの方も多いだろう。

　サンタ・ムエルテも，こうしたメキシコの伝統と何か関係があるのだろうか。あるいはそれは，メキシコに限らず世界中の若者に愛されているスカル（髑髏^{ドクロ}）・ファッションと共通するようなモードなのだろうか。しかし，白昼，街路などの公共空間を骸骨像を高々と掲げて練り歩いたり，多様なグッズが考案され，それらを多くの人々が買い求めるという現象は，どう見てもファッションの域を超えているように思える。

　インターネットや報道の情報を総合すると，サンタ・ムエルテの信者は，メキシコだけですでに300万人以上いるとされている。この数字が正しければ，メキシコの総人口の3％程度がこの「死の聖母」に魅せられていることになる。これはもうりっぱな社会現象といえる。ネットの関連サイト数も増殖中で，メキシコの公用語であるスペイン語のみならず，ポルトガル語，英語，ドイツ語，フランス語のサイトもある。インターネット百科事典「ウィキペディア」にも各国語で項目が作られている（日本語はまだない）。それだけ国際的にも認知され，かつ信仰も広がりつつあることを示しているといえるかもしれない。

　メキシコ国内でサンタ・ムエルテ信仰が盛んだとされる州を順不同で挙げると，ゲレロ州，タマウリパス州，カンペチェ州，モレロス州，イダルゴ州，ベラクルス州，キンタナ・ロー州，オアハカ州，シナロア州，バハ・カリフォル

アステカの首都テノチティトランの主神殿（テンプロ・マヨール）から出土し復元されたツォンパントリの壁面（部分／テンプロ・マヨール博物館蔵）

ニア州，メキシコ州，それにメキシコ D.F.（連邦特別区）といったところである。ただし，これら各州の全域に広まっているわけではない。それでもざっと国土の3分の1程度の領域で確認されているということになる。さらに筆者は，上記には含まれないグアナファト市（グアナファト州）やプエブラ市（プエブラ州）でも，サンタ・ムエルテの信者グループや聖地（サンクチュアリ）を確認した（本編に盛り込めなかった各地での調査の詳細は，各所に挿入した「訪問レポート」1〜10で述べてある）。おそらく各地に，いまだ発見されていない（メディアに捕捉されていない）「隠れ信者グループ」や「隠れ聖地」があるはずだ。

＊＊＊＊＊＊＊

　本書は，骸骨姿の聖母を信仰し，そこに癒しや救いを求めるメキシコの人々の新しい精神生活と，そこから溢れ出るように生まれている多様な図像表現を日本で初めて詳しく紹介する試みである。通読してもらえればサンタ・ムエルテ信仰の全体像と図像表現の特徴が（おおざっぱにではあるが）把握できる構成とした。まず1章では，歴史的な背景として，サンタ・ムエルテ信仰の「起

源」とされているさまざまな民間信仰・民間伝承を解説しつつ，現代メキシコの人々の心に受け継がれる「聖なるもの」への崇敬の念が，どのような表象に結実してきたかを確認する。またあわせて，現代メキシコの"危険なエリア"における信仰の実態も紹介する。2章では，信仰のイコンとして最も重要な「骸骨聖母像」の図像学的解説を試みる。3章では，各種アイテムの素材を軸に，この信仰の現代的な側面として自然・エコロジー志向に光を当てる。さらに4章で祭壇，5章で儀式のそれぞれ厳格に定められたルールを紹介する。

　美術研究を専門とする筆者は，2007年に初めてこの聖像をパブリックな場で眼にした瞬間，民衆文化のなかからいままさに「新しい図像」が萌え出ようとしていることを直感した。現在進行形の図像創造の現場にリアルタイムで立ち会うことができたのは貴重な体験であった。そして調査を進めるにつれ，サンタ・ムエルテの表象にはより社会的な機能──格差社会メキシコの底辺に生きるサバルタンの声なき主張に応える〈新しいアートの創生〉──も備わっているように思われ始めた。

　しかし，結論を先どりしていえば，サンタ・ムエルテ信仰は，そんな筆者の「研究」的な思惑や予測を超えた奥深い世界だった。本書においても，十分にその「正体」を解明できたとはとうていいえない。それでもこのささやかな本が，不安感や閉塞感のいやます現代世界にあって，魂の苦悩を自らの創造力と想像力によって解放しようとするメキシコの民衆文化の底力をかいま見せることができればと願っている。

骸骨の聖母サンタ・ムエルテ❖目次

プロローグ i

2007年の独立記念日／メキシコのファッション・ストリート「エル・チョポ」骸骨聖像，カトリックの総本山近辺にあらわる／犯罪組織とのかかわり／映像作品などサンタ・ムエルテ現象

第1章　サンタ・ムエルテのルーツと現在 …………………… 3

サンタ・ムエルテの外見と呼称　3
さまざまな起源説　6
1）西欧起源説（聖ベルナルド起源説／「死の舞踏」起源説）　7
2）メキシコの先住民文化起源説　12
3）サカテカス鉱山起源説　18　　4）チアパスの聖パスクアル起源説　24
5）アフロ・キューバ起源説　26　　6）エル・ヌエボ・メヒコ起源説　33
7）南米起源説（サン・ラ・ムエルテ起源説／ラ・ジョローナ起源説）　45

信仰の現在　48
1）テピートにおける発展　48　　2）麻薬聖人との関連　61

第2章　サンタ・ムエルテの図像学 …………………………… 72

サンタ・ムエルテ像のポーズと大きさ　72
サンタ・ムエルテ像の彩色　74
サンタ・ムエルテ像に使われる11の色　75
サンタ・ムエルテ像の属徴　85

第3章　素材に見る「自然の4つの基本要素」………………… 98

サンタ・ムエルテ像の素材　99
祭壇の構成物に見る「自然の4つの基本要素」　102

| 第4章 | 祭壇の構成 ……………………………………………………… 114 |

　　祭壇の仕様　114
　　供物（オフレンダ）の用意　117
　　祭壇聖化と離別の儀式　130

| 第5章 | 儀式と祈禱の文言（オラシオン） ………………………… 136 |

　　願い事に応じた各種のオラシオン　136
　　新年を迎える儀式　139
　　最強の儀式　143

| 終章 | 生と死のコンタクト・ゾーン ……………………………… 147 |

エピローグ　152
参考資料　155

訪問レポート 1　テパテペック：幻のサンタ・ムエルテ像　10
訪問レポート 2　ソノーラ市場の「キモかわ」聖母　22
訪問レポート 3　グアテマラからチアパスへ：聖パスクアル信仰の痕跡を追って　28
訪問レポート 4　パチューカの巨大サンタ・ムエルテ像　36
訪問レポート 5　サンタ・フェの暴れん坊を救った「死の女神」　42
訪問レポート 6　テピート：カトリックに抱擁されたサンタ・ムエルテ信仰　62
訪問レポート 7　マルベルデの総本山クリアカンに「骸骨の聖母」はいなかった　70
訪問レポート 8　褐色の聖母と骸骨聖母　94
訪問レポート 9　プエブラで入信儀式を受ける　110
訪問レポート 10　カルサダ・デ・ラ・ビガ大通り：路上の礼拝堂　134

骸骨の聖母サンタ・ムエルテ
現代メキシコのスピリチュアル・アート

メキシコ全図

第1章 サンタ・ムエルテのルーツと現在

❀ サンタ・ムエルテの外見と呼称

　まずは，サンタ・ムエルテという存在が，どのような図像によって人々の前に現れるのかを確認しておこう。

　一般にサンタ・ムエルテ像は，立体像・平面図像いずれの場合も，全身骸骨の像がフード付きの丈の長い胴着（修道服に似ている）をまとった姿で表されることが多い。立体像の場合は，衣装を着た状態を彫る場合もあるし，骨格だけ作ってそれに布の衣装を着せる場合もある。いずれにしてもフードの間からわずかに見える顔と手先，それに足先で骸骨とわかる。

　骸骨の部分は当然「骨色」，つまりやや黄色味を帯びた白色＝アイボリー（象牙）色である。からっぽの眼窩の奥は黒く，深い暗闇をたたえている。チュニックは白かアイボリーが基本だが，筆者が確認できたものだけでも11色のバリエーションがある。これは機能や願い事の内容を色によって区別しているためだ（▶2章）。

　像のポーズは，両足をわずかに開いた直立姿勢のものが多いが，時には左足を大きく前に踏み出していたり，何かの上に坐った姿勢をとっている場合もある。

　そして，両手を合わせて祈るポーズをとっているものを除くと，必ず片手もしくは両手に何らかのシンボル（図像学では属徴 attribute と呼ばれる）を持っている。典型的なものとしては，長柄の大鎌，地球儀，ランプ，天秤，砂時計，花，フクロウ（足元に従えている場合が多い）などがあり，それぞれの属徴は固有の意味を表している（▶2章）。右に挙げた属徴のうち二つを同時に持っている像もあるし，両手を広げ，それらの属徴を天に向かって掲げている像もある。

　こうした像をいわば「依り代」にしてサンタ・ムエルテが人々の前に出現する際には，像から冷気を伴う白光が生じ，まずその白い光が眼に入るという。

オーソドックスなサンタ・ムエルテ像（個人蔵）

出現時の白い光を表した平面図像（メキシコ市にて）

オーロラのようなカーテン状の光だと表現する人もいる。この光が可視化されるのは平面図像の場合のみである。

　骸骨の相貌ゆえに，黒魔術や死神信仰，あるいはキリスト教的発想からサタニズム（悪魔崇拝）の範疇に入るものだなどと解釈されてきたが，大きな間違いである。このことについてはおいおい説明してゆくが，ここではメキシコのサンタ・ムエルテが実は女性の頂点に立つ女性，すなわち「聖母」であることだけは指摘しておこう。「聖母」というとどうしてもキリスト教の聖母マリアが思い浮かんでしまうが，サンタ・ムエルテは，より広義の，あらゆる文化の中に普遍的に存在する「聖なる母」，「神の母」，あるいは地母神のイメージの総体だと考えられる。この点は，本章で後述する多様な起源説を検証する過程で明らかになるだろう。

　ところで，ここまで何ら定義を示さないまま「サンタ・ムエルテ（Santa Muerte　死の聖母）」という呼称を使ってきたが，実はさまざまな別称がある。スペイン語のニュアンスを十分に伝えられないことを承知で，訳語と共に順不同でざっと挙げてみると，ラ・ニーニャ（La Niña 可愛い聖母），サンタ・ニーニャ（Santa Niña 聖なる幼少時の聖母），ラ・ニーニャ・ブランカ（La Niña Blanca 純白無垢の聖母），ラ・サンティシマ（La Santisima 至高の聖母），ラ・セニョーラ（La Señora 女性の中の女性），ラ・ダマ・ブランカ（La Dama Blanca 白い聖母），ラ・エルマナ・ブランカ（La Hermana Blanca 白のお姉さま），ラ・ムエルテ・ブランカ（La Muerte Blanca 白い死の支配者），ラ・グアパ（La Guapa 美を超越した最も美しい女性），ドニャ・ブランカ（Doña Blanca 白い天なる存在），ラ・ムエルテ・ミズマ（La Muerte Misma 死と同等の絶対

第1章　サンタ・ムエルテのルーツと現在

者)，ラ・セニョーラ・デ・ラ・ノーチェ（La Señora de la Noche 夜の聖母)，ラ・ピアドサ（La Piadosa 慈悲深い聖母）などがある。これら呼称の違いは信仰する人の居住地や職業，社会階層，またその土地の歴史的背景や時代の流行などによって生じたものだ。たとえば「ラ・ニーニャ」ないし「サンタ・ニーニャ」はメキシコ北部のサカテカスで生まれた呼称とされている。「ラ・セニョーラ・デ・ラ・ノーチェ」は，夜の職業である娼婦や麻薬売人などの間で守護神として崇められたことに由来する。

このように多様な呼称が存在することをふまえたうえで，本書では骸骨の図像表象の意味を最も端的に表していると思われる「サンタ・ムエルテ」の呼称を用いることにする。

さまざまな起源説

民間信仰や民間伝承を含め，およそ「民衆文化」と呼ばれるもののほとんどは，その起源がはっきりしないといっても過言ではない。サンタ・ムエルテも例外ではなく，メキシコのどこで，いつその信仰が始まり，現在のような図像がいつから使われるようになったか，誰が創始したのかといったことを明らかにする確かなデータはない。ただ，現在のサンタ・ムエルテ信仰で広く見られる，パブリックに開かれたサンクチュアリオ（元来は聖域という意味だが，サンタ・ムエルテ信仰では「小礼拝堂」を意味する）やカピリャ（礼拝堂）が登場したのが1960年代であったことははっきりしている。このようなパブリックな礼拝堂の登場以前に，密かに家庭や職場で祭壇が設けられた例となると，それより以前であろうことは類推できるにせよ，詳しいことはわからない。信仰形態の形成や確立と図像の誕生はかならずしも一致しないが，記録が存在しない以上，「もの」として現存する図像から類推してゆくしかない。これは民衆文化の歴史的研究においては必ず直面する課題でもある。こういった資料上の制約を念頭に置きつつ，以下では，サンタ・ムエルテ信仰がメキシコで300万もの信者を獲得している普遍性のありかを探る一助として，代表的な7つの起源説を紹介してゆこう。地域別には，1は西欧，2〜4および6はメキシコ，5と7は他のラテンアメリカ地域である。

1）西欧起源説

聖ベルナルド起源説（11世紀／1960年代）　11～12世紀のフランスに実在した修道士にまつわる奇蹟を起源とする説である。クレルヴォーの聖ベルナルド（1090-1153　フランス語読みではベルナール）はフランス中部フォンテーヌの生まれで、1113年にシトー修道会に入会した。そして早くも2年後の1115年、シャンパーニュ地方に新設されたクレルヴォー修道院の初代院長に任命された。以後、生涯に70以上の修道院を創設し、12世紀フランスの修道院建設ブームを巻き起こした人物である。信仰面での指導者として優れていただけでなく、修道院創設という大事業を推進させるだけの政治・経済力を持ち、人を説得する雄弁術にも長けていた。教皇の懇請を受けて、第2回十字軍（1133-37）の結成のために諸侯を勧誘するのにも尽力した。

　当然ながら、さまざまな奇蹟の伝承も残っている。有名な話としては、次のようなものがある。聖ベルナルドが食事も睡眠もとらず、一心不乱に聖母礼賛の書を執筆していた時期、彼の前に聖母マリアが二度も顕れ、彼に滋養を与え彼と一体化するために、その胸から直接母乳を与えたという。この逸話から推察されるように、ベルナルドは聖母に極めて近い聖人と位置づけられている。またイタリア・ルネサンスでは絵画の主題として好まれ、多くの画家がベルナルドの幻視体験や奇蹟を描いている。

　先に述べたように、サンタ・ムエルテ像の典型的な衣装は全身をゆったりと覆う白色かアイボリー色のチュニックである。この服の色と意匠は、聖ベルナルドの所属したシトー修道会の修道服と類似している。一方、キリスト教美術の図像学の規範では、クレルヴォーの聖ベルナルドは背後に鎖につながれた悪

フィリピーノ・リッピ作『聖ベルナルドの幻視』1486

魔（異教徒）を従え，本とペンを手にしている。足元には書物の他，蜂の巣（雄弁の象徴），三度も固辞した司教職のシンボルである冠などが置かれる。しかしサンタ・ムエルテ像にこういった象徴物（属徴）は登場しない。さらにいえば，この聖人が骸骨姿で表現されたり，頭骸骨を属徴として持つこともなかった。したがって，聖ベルナルドとサンタ・ムエルテの間に，白い修道服以外に図像学的な接点はない。

それでも，「サンタ・ムエルテ＝聖ベルナルド起源説」はメキシコでかなり流布している。なぜか。いろいろ調べてゆくうちに，メキシコを舞台とするある奇蹟譚がその根拠となっていることがわかってきた。

サンタ・ムエルテ研究者ファン・アンブロシオがインフォーマント（情報提供者）から採取した話の一つに次のようなものがある。かなり階層化された複雑なストーリーで，ときほぐすのは容易ではないが，読解できる要素を抽出して以下に要約しよう。

まず，物語の進行役はレヒーナという名のオトミ人の血をひく女性だ。オトミ人とは，先スペイン時代にアステカ帝国を築いたメシーカ人と同じく，もともとはチチメカと総称されるメキシコ北部地域からの移動民族の一集団だった。現在のミチョアカン州，イダルゴ州あたりからメキシコの北部・西部にまたがる地域に定着し，アステカ帝国支配時代にも併合されず，独自の文化伝統，言語などを維持してきた。そして植民地時代以降も民族アイデンティティを失うことなく，独立時代までそれらを継承していった。

アンブロシオの取材時，すでに80歳代に達していたらしいレヒーナは，霊感が非常に強く，しかも完璧なスペイン語を話した。レヒーナはイダルゴ州北部にあるメスキタル峡谷のとある小村に住んでいた（取材の条件として居住地は公表しない約束になっていたが，現在では彼女が住んでいたのがイダルゴ州アクトパンから西に約14キロ離れたテパテペックという農村であったことが確認されている）。出身地は別の土地だったが，夫との結婚を機に移住してきて以来，60年以上その村に住んでいた。

レヒーナが住んでいた家（夫の実家）の祭壇には，取材時の100年以上前から一族が守ってきたという1体の聖像が祀られていた。どうやらそれはスペインから持ち込まれた，作者不明の古い聖ベルナルド像だったようだが，レヒーナは異国の聖人のことなど知る由もなく，それが先スペイン時代に遡るオトミ

の偶像だと信じていた。ある時，1人の既婚女性がレヒーナに，子どもが出来なくて困っていると相談をもちかけてきた。そこでくだんの聖像に2人で祈願したところ，レヒーナは「私は聖ベルナルドだ」と告げる聖人の姿を見た。典型的な幻視体験である。以来，彼女はこの像が聖ベルナルドであると信じるようになった。

　下って1960年代初め頃のある日，この像が，家から忽然と消えた。ほどなくして，それが村の唯一の教会堂に納まっているのが判明した。このあたりから時系列がやや不明瞭になっていくのだが，この頃にはすでにレヒーナの家には別にサンタ・ムエルテの図像があり，専用の祭壇を設けて毎日供物(オフレンダ)を捧げていたようだ。

　村の教会堂の司祭は聖ベルナルド像の来訪に大喜びだったが，像の方ではその司祭があまり好きでなかったらしく，1962年頃のある日，やはり唐突にレヒーナの家に戻ってきて，サンタ・ムエルテ像の横に並んでいたという。この事件以来，村では「骸骨のサンタ・ムエルテは聖ベルナルドによって祝福された」ということになった。つまりサンタ・ムエルテがカトリック信仰の対象の一つとして認可されたと解釈されるようになり，像も公開された。

　それだけでなく，やがてサンタ・ムエルテは聖ベルナルドが地上に呼び寄せた被昇天後の聖母マリアの御姿(みすがた)であるとみなされるようにもなった。骸骨の表象が，肉体を脱した聖母マリアの永遠不変の形姿を表していると考えられたのである。聖ベルナルドの奇蹟譚および聖母マリアとサンタ・ムエルテとの関わりの深さを思わせるストーリーではある。

「死の舞踏」起源説（14〜16世紀）　別の西欧起源説として，骸骨図像という共通項をもつ「死の舞踏」に起源を求める説もある。

　西欧で死のイメージが骸骨で表現されるようになったのは14世紀後半からで，西欧各地で黒死病（ペスト）が猖獗を極めた時期と重なる。ペストの流行により，当時の西欧では白骨化した死体が日常の光景と化していた。この現実の光景を，死の恐怖に直面した人間が半狂乱になって踊り続けるイメージで寓意的に表したのが「死の舞踏」である。

　戦禍の相次ぐ激動期の16世紀末になると，それまで主に民衆説話の中で流布していた「死の舞踏」の図像イメージは，美術のメインストリームにも定着していく。そしてこの時期は，ラテンアメリカの植民地支配が本格化した時期

▶p.12

（訪問レポート 1）　**テパテペック：幻のサンタ・ムエルテ像**

　イダルゴ州北部の小村，テパテペックまでの道は，同州特有の草木の極端に少ない半砂漠地帯を北へ北へと突き進んでゆくものだった。ときおり村落が見え，周囲の荒涼とした風景とちぐはぐな，現代米国の中産階級向け風の真新しくお洒落な建売住宅が立ち並んでいる。しかし，タクシー運転手オスワルドの説明によると，この一帯は遠くから見る瀟洒な印象とは異なり，あまりに貧しいため働ける男女はアメリカ合州国に出稼ぎに行ってしまい，老人と子どもしかいない寂しい村ばかりだそうだ。立ち並ぶ新築の建売住宅は，出稼ぎに行った人々の血と涙の代償である仕送りを貯めて建てたもので，成功や幸福，豊かさといった価値の反映ではなく，逆に貧しさと家族崩壊の象徴として解読しなければいけない……オスワルドはそう語った。サンタ・ムエルテ信仰を考える際にも，その根底にこうしたメキシコのパラドックス——生き延びるための唯一の選択肢が，家族崩壊と村落共同体の死を招くというパラドックス——が横たわっていることを忘れるべきではないのだろう。

　イダルゴの州都パチューカ市を出発し約40キロ北上すると，東西それぞれに向かう道が延びる国道分岐点のあるアクトパンに着く。そこから西に15キロほど走ると，あたり一帯は典型的な農業地帯となり，緑の色が濃くなる。やがて前述のような半砂漠地帯をさらに北へ進むとテパテペック村である。人口1万2000人弱のテパテペックは，古くは村名にメキシコ革命（1910年開始）の呼びかけ人の1人，フランシスコ・イグナシオ・マデロの名を冠し，マデロ村と呼ばれていた。現在でも小・中学校ではマルクス主義に基づく社会改革教育の授業時間を確保しているほど，左翼革命の思想的伝統が根強い村である。急進的な教員労働組合運動の拠点としても知られている。そのような村にサンタ・ムエルテの礼拝堂があるというのは，なんともミスマッチで興味がそそられる。左翼革命思想の影響で，サンタ・ムエルテが「反体制」のシンボルに変容していったのではないかという仮説まで頭に浮かんだが，すぐに別の次元の現実に直面した。

　2008年1月の訪問時，村内で出会った人々から情報を収集しながら，村の中心部から南に数キロ離れた畑の中の住宅街に礼拝堂を見つけた。しかし周囲に人の姿はない。待つこと数十分，ようやく胸に銀製のサンタ・ムエルテ像のペンダントを提げた1人の男性がやってきて，話を聞くことができた。彼は，自分の母親が礼拝堂のエンカルガドーラ（女性管理者）だと言って，すぐに筆者を引き合わせてくれた。エンカルガドーラは50歳代とおぼしき容姿端麗な女性だったが，名前も住所も明かしてもらえず，写真撮影も，礼拝堂への入室すらも拒否された。その理由は今から10年前

の出来事に遡る。

　2002年，この礼拝堂にメキシコ市から1人の男性新聞記者がサンタ・ムエルテ信仰の取材にやってきた。エンカルガドーラは礼拝堂内の写真撮影や信者へのインタビューなどすべて無償で協力した。ところが数週間後に発行された新聞の記事を読むと，彼女や信者の話は記者のシナリオに合うよう事実を捻じ曲げられ，写真もまるで悪魔崇拝の証拠のごとく扱われていた。エンカルガドーラも信者たちもこの記事にいたく傷つき，以来，いかなる取材にも応じないと決意したという。「どうしても見たいのなら，カメラもICレコーダも持たず，1人の信者として来なさい」と諭されてしまった。この時は「1人の信者になる」覚悟が持てず，やむなく退散した。

　イダルゴ州ではこのほか，パチューカ市のソノリータ市場内にもサンタ・ムエルテ礼拝堂があった（訪問レポート4）。テパテペックから戻った後，この礼拝堂に，くだんの事件が起きた2002年以前に撮影されたテパテペックのサンタ・ムエルテ像の写真が1枚展示されているという情報を得，その写真を撮影させてもらうことができた。王冠を戴いたサンタ・ムエルテ像である。またテパテペックでは2010年から，信者向けの日帰りの巡礼ツアーを行っており，そのパンフレットには黒いチュニックを着たややフェミニンな印象のサンタ・ムエルテ像の写真が載っていた。これは明らかに別の像であり，聖ベルナルドに祝福された像の実物はやはり，正規の信者となる以外に見る術がないようだ。

①テパテペック，敷地内にサンタ・ムエルテ礼拝堂を持つ家／②その家族はみな胸にサンタ・ムエルテ像のペンダントを提げていた／③パチューカ市ソノリータ市場内の礼拝堂で撮影させてもらったテパテペックのサンタ・ムエルテ像。王冠を戴いている／④テパテペックの巡礼ツアーのパンフレットに掲載されていた，黒い衣装のサンタ・ムエルテ像

第1章　サンタ・ムエルテのルーツと現在

左:「死の舞踏」の図像（H.シェーデル『ニュルンベルク年代記』より，M.ウォルゲムートによる木版画，1493）／中央:植民地時代の西欧式建築壁面に見られる骸骨のレリーフ（プエブラ州トラルマナルコ）／右:「死者の日」には骸骨にさまざまな供物が捧げられる（メキシコ市近郊ミスキックの教会墓地にて）

と一致する。しかし植民地時代当時，公職者や聖職者が持ち込む西欧の出版物については，異教徒の渡航を監視する目的もあって厳重に記録・管理されていたが，それらの中に「死の舞踏」の図像があった形跡はない。植民地時代初期の西欧式建造物の装飾に骸骨図像が使われているものもあるのだが，それらは，インディオの職人たちが，先スペイン時代の伝統美術の中から借用したイメージと解釈したほうが合理的と思われる場合が多い。

　時代を下って18世紀になると，ラテンアメリカ各地で骸骨姿の死者の表象が顕在化してくる。しかしそれらはカトリックの行事と土着の民間信仰のシンクレティズム（習合）と解釈したほうが妥当である。たとえばメキシコでは毎年10月末から11月初頭にかけて「死者の日」の行事が催されるが，これもキリスト教の万聖節と先スペイン時代に使われていた宗教行事暦が結合し，民衆に受け容れられるようになったものである。いずれにせよ，「死の舞踏」起源説は，興味深いが立証困難な仮説である。

2）メキシコの先住民文化起源説（先史〜16世紀）

　現在メキシコの国土とされている地域には，実に多様な土着の先住民文化があった。スペイン人による植民地化以前に制作された数々の美術品や工芸品は，メキシコ市国立人類学歴史博物館をはじめとする各地の博物館や美術館に保管・展示されている。また紀元前1万年期に遡る洞窟壁画や，農具・土器など紀元前5000〜6000年頃から原始的な農耕技術を有していた人々の生活の痕跡も，各地で多数発見されている。そしてこれらの遺物を残した人々の祖先は，

左:オルメカ文化の「生と死」が一体化した偶像(トラテロルコ遺跡出土)/右:オルメカ文化の儀式用仮面。右が生を,左が骸骨の図像によって死を表している(いずれもメキシコ市国立人類学歴史博物館蔵)

ベーリング海峡がまだ氷で覆われ,大陸がつながっていた頃にアジアから渡ってきたモンゴロイド系の人々であることが,DNA分析などによって明らかになっている。いずれにせよ,紀元前3000年期頃にメキシコ各地で定住農耕生活が始まり,集団を統治する宗教体系や政治制度が確立していった。

オルメカ文化の「生と死」の合体像　メキシコを含むメソアメリカで最初期に生まれた文明は,「母なる文明」と呼ばれるオルメカ文化である。紀元前1800年頃から発展し始め,紀元前1200年頃にはメキシコ湾に面した現在のベラクルス州からタバスコ州にかけていくつもの祭祀センターや神殿などを持つ共同体が形成された。オルメカ文化の起源に関しては,ちょうど日本における「邪馬台国論争」と同じように,いつ,どこで始まったかという肝心な点についてまだ論争が続いている。その一方で,マヤ文化に先立って,すでに数字のゼロの概念を持ち,暦や絵文字を使用していたことなどがわかってきている。

　オルメカ文化の伝播範囲は,現在首都メキシコ市のある中央高地から,遠く西の太平洋岸,および南西のグアテマラとの国境に近い地域までとかなり広い。この意味でオルメカ「文明」と呼ばれることもある。オルメカの遺物で有名なのは,高さ5メートル,重さ20トン近くのものもある巨石人頭像である。顔はアフリカ系の特徴を備え,多くが戦士風にヘルメット状の被り物をつけている。しかし今のところ,これら巨石人頭像が発見されているのはメキシコ湾岸の祭祀センター遺跡からのみで,その数も20点に満たない。

左：先スペイン期，ミシュテカ人が制作した骨壺（メキシコ市国立人類学歴史博物館蔵）／右：復元されたレモハダス文化の埋葬の様子。右に両手を上げて笑う幼女の土偶が置かれている（ハラパ市ベラクルス州立人類学歴史博物館蔵）

　オルメカ文化の遺物には，有名なジャガーと人間の合体像のほか，二元論的宇宙観が推察される「生と死」の合体像や儀式用の仮面などがある。これらの図像からは，肉体が骸骨と化した死後も人間の霊魂が永遠に続くと考えられていたことがうかがわれる。とりわけ儀式用の仮面には，神（のような人間を超越した存在）が死（＝骸骨）と一体化し，宇宙の秩序を維持しているといった発想がかいま見える。
　このように死＝骸骨が生の時間と対等に存在し，しかも一体化したイメージが，紀元前のオルメカ文化の時代からメキシコ先住民社会に受容されていたことは興味深い。あるいはこれらは，生命（霊魂）を，生と死の二元論的対立が止揚されたより上位の次元にあるものと理解していた表象とも解釈できる。

骨壺の骸骨彫像　ところで，メキシコでは死者の埋葬は基本的に土葬であった。土葬の場合，遺骸は大体２年くらいで白骨化する。白骨化した遺骸は掘り起こされ，土製の骨壺に丁寧に納められたのち，再び埋葬される。骨壺の表面にはさまざまな装飾が施される。圧倒的に多いのは神々の似姿だが，プエブラ州南部からオアハカ州にかけての地域では，工芸技術に秀でたミシュテカ人の制作した骨壺で，骸骨姿の死神が守り神として彫られているものが残っている。
　一方，ベラクルス州中部で７世紀頃に発展したレモハダス文化では，土葬の際，えくぼをつくり無邪気に笑う幼女の姿をかたどったテラコッタ製の土偶を添える風習があった。地中から楽しげな笑い声が聞こえてきそうなイメージだが，この「死者‐幼女‐笑い」のモードには，サンタ・ムエルテの別称の一つ「ラ・ニーニャ（可愛い聖母）」と重なりあうイメージが感じられる。

新チチェン内のツォンパントリ（左）と
壁面の拡大図

頭骸骨の台座＝ツォンパントリ　マヤ文化の中心がユカタン半島の低地に移動した11世紀以降，メキシコ中央高原文化の影響を受けて，新しいタイプの都市建造が行われた。その代表がユネスコ世界遺産にも登録されている古代都市遺跡チチェン・イッツァである。その中の，新チチェンと呼ばれる区域（10世紀以降にトルテカ文化と融合した時代に造られた部分）の聖域内に，ツォンパントリ（頭蓋骨の台座）と呼ばれる祭壇がある。周囲の壁一面が頭蓋骨のレリーフで埋め尽くされており，世界の美術の中でも頭蓋骨をこれほどまでに個性豊かに描き分けた事例はないだろう。ツォンパントリは生け贄とされた人々の頭蓋骨を飾る棚だったといわれている。つまりこれらのレリーフは，生前の人間の個性をそのまま死後の骸骨姿に反映したものと考えられている。

アステカの生と死の女神　スペイン人による征服が始まるまで，現在のメキシコとかなり重なる地域で支配力をふるっていたのが，メシーカ人のアステカ帝国である。メシーカ人はそれまでそれぞれに発展を遂げていた周辺各地の都市文化を統合しようとした。特に信仰の面では，各地で崇められていた多様な神々の名称や機能を整理して，一つの大きな宗教体系を築こうとした。その途中でスペイン人によって帝国が滅ぼされてしまい，おかげで所属，定義，能力などが未整理だった神々が大混乱のままに放置された。そのような特殊な条件はあるが，以下でアステカにおける死後の世界の構成やメカニズム，死を司る神々の役割について，かんたんに整理してみよう。

　アステカでは，皇帝や首長といった最高権力者の場合を除けば，「死」には二つのタイプがあった。一つは「名誉ある死」で，戦士や球技の選手などが獲得することができる。名誉ある死を遂げた男性は太陽神に召され，そのもとで太陽の運行を助けるために数年間働く。この役務を終えると魂はハチドリの身

体を借りて地上に戻り，その後は何の憂いもなく，美しい木々や花の間を飛び回って余命を過ごす。一方，女性にとって一番名誉ある死とは，元気な子どもを出産した直後に没することである。女性を，生と死のサイクルを物理的に体現した存在とみなしていた現れなのだろう。出産直後に死亡した女性は月の女神コヨルシャウキに召され，月の運行を助ける仕事につく。月の地表に時折見えるウサギの姿は，コヨルシャウキに召された女性の化身であるとされた。

　二つ目のタイプは自然死である。事故死とどのように区別されるのかやや曖昧だが，とにかく自然死を経た魂は，メキシコ原産のテペスクィントリ犬（チワワ犬の原種）に付き添われ，地下にある死の世界の入口にたどりつく。その手前には川があり，犬は死者の魂が死の世界に無事に受け容れられる代償として，自らの命を捧げる。図像では犬が死者の肖像の仮面をつけていたり，犬の体と死者の顔が融合して「人面犬」になっているものなどがある。

　死の世界に入った後，自然死の死者の魂は9層ないし13層に分かれた地下世界ミクトランの各層にしかけられた試練を受けながら，順次下層に移動してゆく。各層の試練とは，いくら水を飲んでも渇きが収まらないサウナ風呂のような灼熱の世界，凍てつくような冷たい風の吹き荒れる寒風の世界，触れるだけで肉まで裂ける剃刀のように鋭い岩肌の山を登り下りする山岳の世界，ソチトナルと呼ばれる鰐に似た怪獣のいる水の世界などなどである。やっとの思いで最下層の世界にたどりつくと，そこにはミクトラン全体を支配する男性格の神ミクトランテクトリと女性格の神ミクテカシワトルが待っている。死者はこの男女神に供物を捧げ，ようやく旅を終える。

　アステカの死生観では，一つの死が次の生を再生させると考えられていた。ミクトランを司る男女神のうち女性格のミクテカシワトルはまた，生の再生のために地上にも現れる。ミクテカシワトルは地上に現れるとシウアテテオ，あるいはコアトリケと呼ばれ，大地の恵みを司る地母神として崇められる。世俗の世界では，ミクテカシワトルが生と死のサイクルを維持するためにシウアテテオあるいはコアトリケとなって地上に現れると信じられた。図像表現としては，いずれも長く鋭い爪を持ち，首飾りと頭飾りをつけ，頭蓋骨を属徴とする。ほかに暗闇を象徴する吸血コウモリなどの属徴を持つこともある。

　アステカ帝国を築いたメシーカ人たちは，メキシコ各地でローカルな地母神信仰の対象となっていたさまざまな図像を統合し，至高の存在にまで高め，生

①アステカの月の女神コヨルシャウキの頭像／②死者の魂を導くとされたコリマ文化の「人面犬」／③ミクトランテクトリの像（ハラパ市ベラクルス州立人類学歴史博物館蔵）／④シウアテテオの像／⑤コアトリケの像（①②⑤：メキシコ市国立人類学歴史博物館蔵）

第1章　サンタ・ムエルテのルーツと現在

と死のすべてを司る女性格の神ミクテカシワトルのイメージを築きあげたと考えられる。

　ところで，スペイン語ではすべての名詞が男性形と女性形に分かれている。「サンタ・ムエルテ Santa Muerte」は女性形である。これは，先住民文化起源説を唱える人々の間で，アステカの死と生を司る女性格の神「ミクテカシワトル‐シウアテテオ‐コアトリケ」の属性をサンタ・ムエルテが継承しているという暗黙の了解があったからだともいう。

　アステカ帝国の首都テノチティトランにはトラルシコ（Tlalxico「大地のへそ」の意）と呼ばれた神殿があった。このトラルシコという地名はメキシコ各地に散見される。人体における「へそ」は，外部と体内をつなぐ出入口であり，地上と地下世界をつなぐ場所のメタファーでもある。メキシコ各地で報告されているサンタ・ムエルテに関する奇蹟譚や，礼拝堂の設置場所などの地理的条件を分析してみると，スペイン人到来以前にトラルシコと呼ばれていた土地，深い洞窟があった土地など，地下世界との通路とみなされたらしい聖域の近くである場合が多いようだ。また，サンタ・ムエルテを幻視したと語る女性インフォーマントたちの多くが先住民の出自であることを強調する研究もある。それらの検証は別の研究課題としておくが，先住民文化起源説では何よりも，そうした土着性が強調される。

3）サカテカス鉱山起源説

　ラテンアメリカに渡来してきたスペイン人征服者たちは，ほぼ全員がエル・ドラード（黄金郷）での黄金採掘という一攫千金の夢をいだいていた。残念ながらメキシコには，彼らのめざすエル・ドラードはなかった。しかし銀の鉱脈はあった。1545年のボリビアのポトシ銀山の発見に続いて，翌1546年にはメキシコ北部のサカテカスで銀鉱脈が発見され，鉱山事業が興隆する。メキシコにおける「シルバー・ラッシュ」の始まりである。

　サカテカスには労働力としてインディオやメスティーソ（白人とインディオの混血），黒人奴隷が集められ，地中深く降りて採掘作業に従事した。時期は不明だが，ほどなくして労働者たちは，誰からともなく，自分たちが担当する坑道の出入口に，小さく可愛いらしい幼女の姿を借りた聖母像を置くようになったという。この聖母像はラ・ニーニャ（あるいはサンタ・ニーニャ）と呼ば

ボリビア・オルーロ銀山内に置かれていたティオ像

れていた。坑道に降りる直前には像の前に供物や火を点した蠟燭を供え、無事故で無事に家に帰れることを願い、作業を終えて出てきた時には、地下世界を徘徊していると信じられていた悪霊が地上にまでついてこないようにとお祓いの祈禱をした。この聖母像が、悪霊にうち勝つイメージをともない、次第に骸骨像に変形されて広まった、というのがこの「サカテカス鉱山起源説」だ。

　ボリビアのオルーロ銀山やポトシ銀山では、坑道の中にティオと呼ばれる異形の男性悪魔像が置かれ、鉱夫たちは出入りのたびに酒や煙草、コカの葉などを捧げた。ラ・ニーニャの場合と発想は似ている。違いは、ティオは必ず男性像であること、その表象の起源が非キリスト教的な土着の民間信仰に基づいていることなどである。しかしいずれも、民衆の幸運や救済への素朴な願望を反映した、時空を超えて普遍的に存在する表象といえる。

　サカテカスのラ・ニーニャは女性格であり、キリスト教の幼い聖母のイメージが参照されている。ただ残念ながら現存する像はなく、断片的な記録から、彩色を施された木製の立体像であったこと、衣装は定期的に衣替えされていたことぐらいしか確認できない。また、いつの時点で骸骨の姿をとるようになったのかも不明である。

　しかも、閉ざされた鉱山社会でひっそりと信仰されていたこの聖母像が、どういう過程で外部に広まったのだろうか。一つの仮説としては、サカテカスの銀鉱脈が枯渇して鉱山事業が衰退していった19世紀後半に、失業し別の場所に移住していった元鉱夫たちが、慣れ親しんだラ・ニーニャ像を自前で制作し、崇拝したことで、他地域に広まったとも考えられる。

第1章　サンタ・ムエルテのルーツと現在

ここで，サカテカス起源説を補強するものとして，先にふれたファン・アンブロシオが採集した奇蹟譚を紹介しよう。場所はサカテカス鉱山区の一部と考えられるソンブレレテ村。難しい岩場の多いことで一部の登山家に知られているシエラ・デ・オルガノス山脈が真近に見えるあたりである。銀が出なくなってから村はゴースト・タウン化し，21世紀初頭現在，農業で細々と生計を立てる18家族ほどが住んでいるだけである。以下に紹介する奇蹟譚は，この村の興隆と繁栄から衰退，復活の歴史と深く関わっている。

　村の中心広場に面して，16世紀に建てられたラ・ノビア教会堂があり，この中にサンタ・ムエルテ像（右手に長柄の大鎌，左手にロザリオを持っている）とサント・エンティエロ（復活のイエス・キリスト）像が併置されている。他の聖人像はない。管理しているのはナティビダ・サモラ（通称ドニャ・ナティ，「ドニャ」は女性への尊称）で，アンブロシオの取材当時70歳代の女性である。彼女の伝え聞いた話では，この2体の像が併置されたのは90年以上前（つまり20世紀初頭）だったという。サンタ・ムエルテ像はもとはおそらくラ・ニーニャ像で，それが鉱山の出入口に置かれるようになったのはさらに古く，村がシルバー・ラッシュに湧く1600年代のことだったらしい（骸骨の聖母像の形をとるようになった時期は不明）。

　20世紀中頃，ドニャ・ナティが教会堂の管理を任されるようになって間もないある夜のこと，2体の像が安置された祭壇に捧げられた蠟燭の炎が突然燃え上がり，火事になった。その時なぜか，サント・エンティエロ像のほうはどこかに消えてしまった。さいわい火事は延焼することなく収まったが，サンタ・ムエルテ像は焼失してしまった。そこで村人たちは村内に生えていた樹齢数百年の古木を切り倒し，村の木彫職人ダニエル・ビリャサナに新しいサンタ・ムエルテ像を制作するよう依頼した。ビリャサナは自分でも驚くほどのスピードで，新しい聖母像を彫り上げた（これが現在に残る像である）。

　不思議なことに，新しいサンタ・ムエルテ像が制作されている間に，サント・エンティエロ像がどこからともなく戻ってきた。そして教会堂には再び2体の聖像が併置された。以後，訪れる巡礼者の数が増え始めた。20世紀後半からは，祭日以外でも巡礼に訪れる人の数が増え，消滅しかかっていた村は（人口が増えるまでには至っていないものの）経済的に復興しつつある。現在では，村独自のサンタ・ムエルテの祭日である7月27日の前夜には周辺から

巡礼者が大勢集まり，歌や踊りが繰り広げられる。なかにはアメリカ合州国からの巡礼グループもいる。聖像の「奇蹟」とその後の活況を体験した村の人々は，滅びた銀山の守護聖人であったラ・ニーニャ＝サンタ・ムエルテが，自ら火事の犠牲となっていったん死ぬことで村を再生へと導いてくれたと信じた。まるでキリストの受難・死・復活と再生の物語のサンタ・ムエルテ版である。

こうなると，併置されているサント・エンティエロ像のことも気になってくる。そもそもサンタ・ムエルテ像は，他の聖人像と並べて置いてはいけないとされているのだが，このソンブレレテの事例同様，実際には後述するように他のさまざまな像と併置されているケースも散見される。

「7　南米起源説」のところで後述するが，サンタ・ムエルテ像の起源はサント・エンティエロ＝復活のイエス・キリスト像だという説もある。この説によれば，サンタ・ムエルテは復活後のイエス・キリストが女性格となって現れたものということになる。これは，キリスト教と前項で述べたアステカ由来の宗教が習合し，「復活のイエス・キリスト」と女性格の神「ミクテカシワトル‐シウアテテオ‐コアトリケ」が習合したものといえる。ここでは，サンタ・ムエルテと復活のイエス・キリストは，もともと「死→再生」の原理を表象している点で一つのものであり，イエス・キリストとして現れる時は男性格，サンタ・ムエルテとして現れる時は女性格で表象されるにすぎない，ということになる。

すると，ソンブレレテ村の火事で，サント・エンティエロ像が残り，サンタ・ムエルテ像が焼失したことはどのように説明できるだろうか。ジェンダーの観点から，ラテンアメリカのマチスモ（男性優位主義）の表れとみることも不可能ではないだろう。しかし，より根底的には，アステカなどメキシコ固有の非キリスト教的世界観との関わりを意識し，死と再生の物語の普遍性を表現しようとする発想があったのではないか。

いずれにせよこの奇蹟譚は，人々がサンタ・ムエルテに仮託するイメージのうち，最もポピュラーなものが端的に表れている点で典型的である。すなわち，社会から捨てられ，忘れ去られた底辺の人々を救済する聖母というイメージである。

訪問レポート 2　ソノーラ市場の「キモかわ」聖母

　メキシコ市内，地下鉄ラ・メルセー駅に隣接するソノーラ市場（メルカド・デ・ソノーラ）は，食材から雑貨，什器，電気製品，工具まで，ありとあらゆる日用品を売る商店が集まった巨大市場である。メキシコ市内でも最も庶民の生活に直結したマーケットだが，市場の中には民芸品や怪しげなスピリチュアル・グッズを売る店が集まる一角があり，観光ガイドブックの中にはこの一角を「呪術グッズ市場」と呼んでいるものもあるようだ。

　その中のとある店に，両眼から血を流す幼い聖母の像が置かれている。この像，店の人の話によれば第二次世界大戦前からあるそうで，筆者が初めて出会ったのは1980年代のことだった。近隣の人々は親しみを込めて，店の初代経営者（故人）の名前で，店名にもなっている「ディエギート」の像，と呼んでいる。日本でも写真家・建築家の小野一郎（現在は尾形一郎）氏の写真集『ウルトラバロック』（新潮社，1995年）で紹介されるや，一部の人形作家や人形愛好家たちの熱狂を呼んだ。「キモかわ（キモかわいい＝気持ち悪いがかわいい）」とか，目をそらしたいのに見入ってしまうとか，心は「ドン引き」なのに身体は惹きつけられる，といった感想が多かったようだ。

　古来，眼から涙や血を流す聖像の奇蹟譚は洋の東西を問わずあまたあり，事例を羅列するだけで1冊の本が書けるほどである。だがそれらのうち，メキシコ以外の地域の聖母図像の中には，このディエギート像との直接的な対応関係が類推されるような図像は見当たらない。ひょっとして別の系譜なのだろうか，どこかでボタンをかけ違えたかな，と思っていた矢先，先に述べた「サカテカス鉱山のラ・ニーニャ像」を知ったのだった。そこで，2008年9月の訪問時，改めてサンタ・ムエルテ信仰の文脈に沿ってディエギート像を再調査してみることにした。

　まず，ソノーラ市場のディエギート像は，商人の守護聖母として機能している。その意味で極めて世俗的な聖母である。しかし，市場内の商人たちのこの聖像に対する態度にはどこかしら，まるで外からやってきたものに対するような距離感があるように感じられた。この聖像を模した別種のイコンやノベルティ・グッズが次々と生まれ，普及している様子もない。もしかするとこの像の起源は，サカテカスという外部から持ち込まれたラ・ニーニャなのではないか？

　かつてサカテカス鉱山の坑道入口に置かれていたというラ・ニーニャ像は，前述の通り現存するものが発見されていないが，文献を読む限りでは，聖母マリアの幼い頃の姿で表現されていたという。サカテカスの銀鉱山事業が19世紀後半に衰退したのち，失業した多くの鉱夫たちとその家族の中で，メキシコ市に移り住み，ソノーラ市

①たくさんの店が立ち並ぶソノーラ市場の一角。毎日多くの人で賑わう
②ソノーラ市場外観。市場の外にまで露店がはみ出している
③サンタ・ムエルテ・グッズも豊富に揃う
④とある店に置かれていた「ディエギートの像」
⑤その両目からは血の涙が…

場で商売を始めた人々がいたかもしれない。

　現在のソノーラ市場は、鉄骨構造の屋根を持ち、内部はまるでアリーナのように明るいが、これは1940年代以降の都市再開発の過程で造られたもので、それまでは露店や屋台が雑多に集まった闇市のような場所だった。鉱山の坑道内ほどではないにせよ、日中も薄暗く、迷路のように通路が交差し、隘路の奥には闇の商売に従事する者たちが潜む怪しい場所だったようだ。そんな危険と隣り合わせの環境で少しでも安全に商いができるようにと、かつては坑道の守り神だったラ・ニーニャを置くことを、誰かが思いついたのではないか。

　筆者としては、ソノーラ市場のディエギート像を、サカテカスのラ・ニーニャから骸骨姿のサンタ・ムエルテに向かって変容が重ねられる移行期のイコンとして位置づけたい。もちろん、「両眼から血を流している」という表象がいつ、どこで、誰によって付与されたものかなど、疑問は多々残る。今はただ、かつてサカテカス鉱山で鉱夫たちを守ったラ・ニーニャ像の実物が発見され、その眼に血が流れているかどうか、ディエギート像と似通った部分があるかどうか、確かめられる日を待ち望むしかない。

4）チアパスの聖パスクアル起源説（17世紀）

　この説について最初に教えてくれたのは，占い師のマルコス・ソトだった。マルコスの店は，メキシコ市内の巨大マーケット，ソノーラ市場（訪問レポート2）から東側に道路1本隔てた商店街のなかにある。

　ソノーラ市場は，日本人観光客はまず訪れないマイナー・スポットだが，サンタ・ムエルテ信仰と密接な関係がある。ソノーラ市場の中には狭い通路が張り巡らされており，各通路には番号が付いている。その中でも北東の8番から14番の通路周辺は，筆者が1970年代に訪れた当時は「魔女グッズ・ゾーン」と呼ばれていた。どの店も，見たこともない薬草や各種ハーブ類，干したり焼いたりされたトカゲや蛇，さまざまなフェティッシュ・オブジェや薬品などを並べていて，独特の臭いと異様な静けさに満ちた空間だった。占いの店もいくつかあった。この「魔女グッズ・ゾーン」が2007年頃から新たに「サンタ・ムエルテ・グッズ・ゾーン」と呼ばれるようになっているのである。建ち並ぶ店々には，完成品のサンタ・ムエルテ像のほかに自作者のための基本キット（まるでプラモのようだ！），像の素材，彩色用の塗料や筆，祈禱マニュアル本，蠟燭，香料，ハーブ類などが並び，信仰のためのあらゆるグッズがここで揃う。

　大量の品物に眼がくらみ，雑多な臭いにむせかえり，1時間も居ると頭がくらくらしてくる。新鮮な空気を吸いたくなってこの一角を脱出したところ，マルコス・ソトの店の看板が眼に入った。店頭には巨大な純白のサンタ・ムエルテ像が！　疲れた足をひきずって，吸い寄せられるように店に入った。マルコスの店は占いの店なので，グッズはほとんど置いていなかった。壁にはアメリカ合州国のネイティブ・アメリカンが伝統儀式で使うパイプや羽根箒，ドリーム・キャッチャー（オジブワ族から広まった，輪をモチーフにした手作りの装飾品）がかけてあり，床にはペルーの山岳部で見かけたことのあるミイラ化した鳥（おそらく何らかの物神〈フェティッシュ〉）などが無造作に置かれていた。かなり怪しい雰囲気だが，サンタ・ムエルテについていろいろ聞けるのではと思い，インタビューしてみることにした。

　マルコスはサンタ・ムエルテ信仰の起源はチアパス州にあると語った。彼の話によれば，17世紀中頃のチアパスに，次々と発生する地震や疫病で疲弊したマヤ系住民の生活再建に尽力したパスクアルという名の修道士がいた。彼を敬愛した住民たちは，その死にあたって土葬を許さず，棺に納めて安置した。

左：ソノーラ市場内の「サンタ・ムエルテ・グッズ・ゾーン」／右：占い師マルコス・ソトの店。店頭にはサンタ・ムエルテ像が

棺は毎日訪れる崇拝者たちが供える花や供物で埋め尽くされた。やがて遺骸はミイラ化したが，人々は服を着せ替えるなどしながら，パスクアルの復活を願っていたという。たしかに現在のチアパス州から隣国グアテマラにかけての地域には，局地的だが「聖パスクアル崇拝」が広まっていた（訪問レポート3）。しかしその起源は，スペイン・アラゴン県の貧しい農家に生まれ，1564年ないし65年頃に聖フランシスコ会に入会したパスクアル・バイロン（1540-92）である。この「アラゴンのパスクアル」がカトリックの聖人として列聖されたのは1690年だが，その死の直後の16世紀末には早くもチアパスに彼の伝承が伝わり，崇拝者が増加していたという。現存する図像がないためあくまでも文献上の伝承だが，このアラゴンの聖パスクアルの像は「死の勝利」の表象——すなわち骸骨の姿——をともなっていたそうだ。マルコスの話は，16世紀末に始まるこの聖パスクアル信仰およびその図像と，17世紀中葉のチアパスに実在した献身的な修道士に関する逸話がミックスされたものではないかと推測される。

　マルコスへの取材後，この「チアパス起源説」について記した文献はないかと探したところ，1982年にメキシコ国立自治大学（UNAM）から出版された考古学者カルロス・ナバルレテの報告書を見つけた。しかしナバルレテは聖パスクアル信仰について，カトリックと土着の民間信仰のシンクレティズムの産

物，と無難にまとめるにとどまっていた。一方，女性のサンタ・ムエルテ研究者オリアナ・ベラスケスは，自身の著書でこのナバルレテの論考を紹介したうえで，次のような興味深い考察を添えている。1601年にチアパス州のトゥスラ村（現トゥスラ・グティエレス市）で，それまで密かに伝えられてきた土着信仰の実践者たち（おそらくまだ公式に列聖されていなかった聖パスクアルの信奉者たちと推定される）が，カトリックの異端審問所に送られたとする記録があるというのだ。ベラスケスはこれを参照しつつ，サンタ・ムエルテ信仰は，キリスト教だけでは埋められない先住民の心の隙間に入り込んだ新しい信仰形態の萌芽だと結論づけている。

　占い師のマルコスがナバルレテやベラスケスの文献を読んでいたかどうかは不明だが，聖パスクアル像がなにゆえ女性格の表象に変わり，しかも全国区の聖母に昇格したのかがロジカルに立証されれば，かなり有力な説の一つといえるだろう。

5）アフロ・キューバ起源説（19世紀）

ベラクルスの魔女　　サンタ・ムエルテ信仰の起源を，黒人奴隷を通じてキューバに伝えられたアフロ文化の伝統に求める説もある。19世紀後半のこと，メキシコ湾に面したベラクルス州の内陸山岳部にあるコルドバ市で，肌の浅黒い1人の「魔女」が，それまでメキシコでは見られなかった新しいタイプの偶像を持ち，病者を癒したという記録に基づいている。コルドバ市は19世紀後半から織物工業が発展し，各地から多くの労働者が集まってきていた。そしてこの「魔女」はキューバ出身者であった。

　メキシコとキューバは距離的に近い。メキシコ東端のユカタン半島とキューバ島西端とは直線距離で約200キロである。20世紀の歴史では，1955年メキシコへ亡命してきたフィデル・カストロが軍事訓練を行い，それが4年後のキューバ革命に結実した話が有名だが，もちろんそれ以前の植民地時代にも交流はあった。スペイン本国から送られたメキシコ向けの産品はまずキューバのハバナ港に送られ，そこから改めてベラクルス港に出荷されるシステムになっていた。だからこの時代に，黒人奴隷たちを通じてキューバの大衆文化がメキシコに伝えられた可能性はある。

ヨルーバ文化とサンテリア　　しかしながら，キューバのアフロ文化のメキシコ

への移植が本格化するのは、キューバで奴隷制度が最終的に廃止された1880年代以降のことと思われる。解放されたアフロ系キューバ人の中には、新しいビジネス環境を求めて海路ベラクルス港に到達し、そこからメキシコ各地に散っていった人々がいた。「アフロ・キューバ起源説」では、その際にキューバの民間信仰として確立していたサンテリア信仰が持ち込まれ、ベラクルス周辺からメキシコに普及し、サンタ・ムエルテ信仰の基礎になったと主張する。

アフロ文化の糸をたどるなら、より時代を遡って、奴隷貿易廃止運動が盛んとなった1820年代から、アフリカ出身の黒人奴隷たちの行き先がなくなり、めぐりめぐってベラクルス港に上陸し逃亡、やがてかれらの信仰文化がメキシコに広まったという可能性もある。「ベラクルスの魔女」もそのような人々の末裔だったかもしれない。

サンテリアのオリチャ・オヤ像

いずれにせよ、民間信仰サンテリアが問題の焦点となる。サンテリアは、アフロ文化に起源を持つキューバの民間信仰として最もポピュラーなものである（キューバにはほかにもアバクアやレグラ・デ・パロなどアフリカ起源の民間信仰があり、それぞれがいくつもの流派に分かれている）。

サンテリアは、西アフリカ最大の民族集団ヨルーバ人が奴隷貿易の時代に持ち込んだ民間信仰とカトリックなどがキューバにおいて習合したもので、スペイン語で聖人を意味するサント（Santo）が語源といわれる（ただしサンテリアにおいては「精霊」といった意味合いで使われているようだ）。音楽をはじめキューバの芸術全般にも大きな影響を与えたことで知られる。

前出のサンタ・ムエルテ研究者アンブロシオも、サンタ・ムエルテ信仰にヨルーバ文化との類似性が強く見られるが、それはアフリカから直接もたらされたものではなく、キューバ経由でメキシコに入ってきたものだとしている。

サンテリアでは信仰対象となるオリチャ（神々）が複数いる。アンブロシオは、その中で死を司る女性格のオリチャ「オヤ」がサンタ・ムエルテの原型だ

▶p.31

第1章　サンタ・ムエルテのルーツと現在

(訪問レポート ❸)　**グアテマラからチアパスへ：聖パスクアル信仰の痕跡を追って**

　聖パスクアルの図像を求めて，2009年9月，メキシコ最東部に位置するチアパス州を訪れた。このチアパス州から隣国グアテマラにかけては，いまもマヤ系住民の人口密度が高く，現在の国境が制定される以前には，広い範囲で植民地時代以来のキリスト教の布教活動が行われてきた。そこから考えると，マヤ系先住民と関わりの深い聖パスクアル信仰がかれらの間に広く流布していたのではないかという想定が成り立つ。そこでまずグアテマラ側から調査を始めた。

　結論からいえば，グアテマラでもメキシコ国境に近いケツァルテナンゴやウエウエテナンゴといった地方都市を除けば，聖パスクアルはその名前さえ知られていなかった。サンタ・ムエルテについても同様だった。首都グアテマラ市や古都アンティグア市，それに北部のマヤ遺跡の多い地域も含めてほぼすべての主要都市内にある骨董店や民芸品店，美術館，郷土博物館などを巡ったが，聖パスクアル信仰の痕跡もサンタ・ムエルテ信仰の存在もついに見出せなかった。唯一，マヤ系キチェ族の文化が色濃く残る町チチカステナンゴの骨董店で，ケツァルテナンゴの職人から仕入れたという骸骨姿の聖パスクアル像を1体発見したが，例外的な出会いであった。

　次にいよいよチアパス州に入る。考古学者ナバルレテの著作の中で，写真入りで紹介されていたチアパ・デ・コルソ市から調査を始めた。同市の植民地時代の美術遺産

棺に納められた聖パスクアルの遺骸（© Carlos Navarrete／*arqueología MEXICANA*, Noviembre-Diciembre 1999, Vol.VII-Núm.40, p.53）

のほとんどは，旧サント・ドミンゴ修道院（1990年代に美術館も含む総合文化施設に改修された）に集められている。しかし常設展示品の中には聖パスクアル像らしきものは見当たらない。収蔵庫を探させてもらうしかないようだ。ところがこの施設，20世紀末の大地震と21世紀初頭の火災の影響で，所蔵品の消散や破損がひどく，記録は散逸し，もはや誰も全容を把握できてい

聖パスクアル教会堂内の祭壇で，ヴェールで顔を覆い，熱心に祈りを捧げる女性信者

ないという。官僚的な対応のせいもあって，それ以上の調査は無理だった。

　残るは，州都トゥスラ・グティエレス市にある聖パスクアル教会堂である。目指す教会堂は，市の中心広場から徒歩10分くらいの街中にあった。外観は地味なごく普通のカトリックの教会堂という風情で，骸骨信仰を彷彿させるような要素は何ひとつない。しかし，ここが聖パスクアル信仰の総本山であることはまちがいない。建物の中へ入ると，奥の中央祭壇の上に聖パスクアルの遺骸を納めたという木製の棺（オリジナルではなく再制作物）が置かれていた。ぜひ中を見たい。ところが管理人は，「会則により，毎年10月7日の聖人の祝日（カトリックの公式聖人暦では5月17日。相違の理由は不明）以外は絶対に開示しないことになっている」とすげない対応。残念ながら，棺の中にいまだミイラのままの元修道士が横たわっているのか，それとも後代に制作された像が入っているのか，ついに確認できなかった（後日，『メキシコ考古学』誌の中にこの「棺の中のパスクアル」の写真を発見したので，左ページ下に掲げておく）。

　はたして，この聖パスクアル信仰のセンターに，サンタ・ムエルテはたしかに存在した。ナバルレテは言及していなかったが，中央祭壇の左側の翼廊部にサンタ・ムエルテのための祭壇が据えられていたのだ。祭壇の前では，カトリックの伝統に則って顔をヴェールで覆った女性たちが，花を供え，熱心に祈りを捧げていた。管理人は次のように語った。「この教会堂はチアパス州におけるカトリック信仰の最も正統的な礼拝形式を維持することを方針にしており，州で最も権威ある教会堂である。それゆえ州を管区とする司教が定期的に訪れ，自らミサを実施しもする。したがって一部では保守的と非難されている女性のヴェール着用のルールも決して簡略化しないし，信者たちもそれを受け容れている……」。

　カトリック信仰の正統的殿堂を自称する教会堂に，骸骨聖母の祭壇が堂々と安置されている……サンタ・ムエルテ信仰は異端ではないのか？　この矛盾は筆者にとって

第1章　サンタ・ムエルテのルーツと現在

驚異であった。これをたんにシンクレティズムの産物と片づけてよいのだろうか……？　この事例をより深く理解するには、やはり聖パスクアル信仰の痕跡を詳しく跡づけ、ベラスケスのいうような「キリスト教だけでは埋められない先住民の心の隙間」を聖パスクアル像がどのように埋めたのかを解明するしかないのかもしれない。

①ケツァルテナンゴの職人が制作したという木彫彩色・骸骨姿の聖パスクアル像
②聖パスクアル教会堂の入口には、ごくふつうのカトリック教会の看板が掲げられていた
③聖パスクアルの棺のレプリカ
④専用祭壇に祀られていたサンタ・ムエルテ像

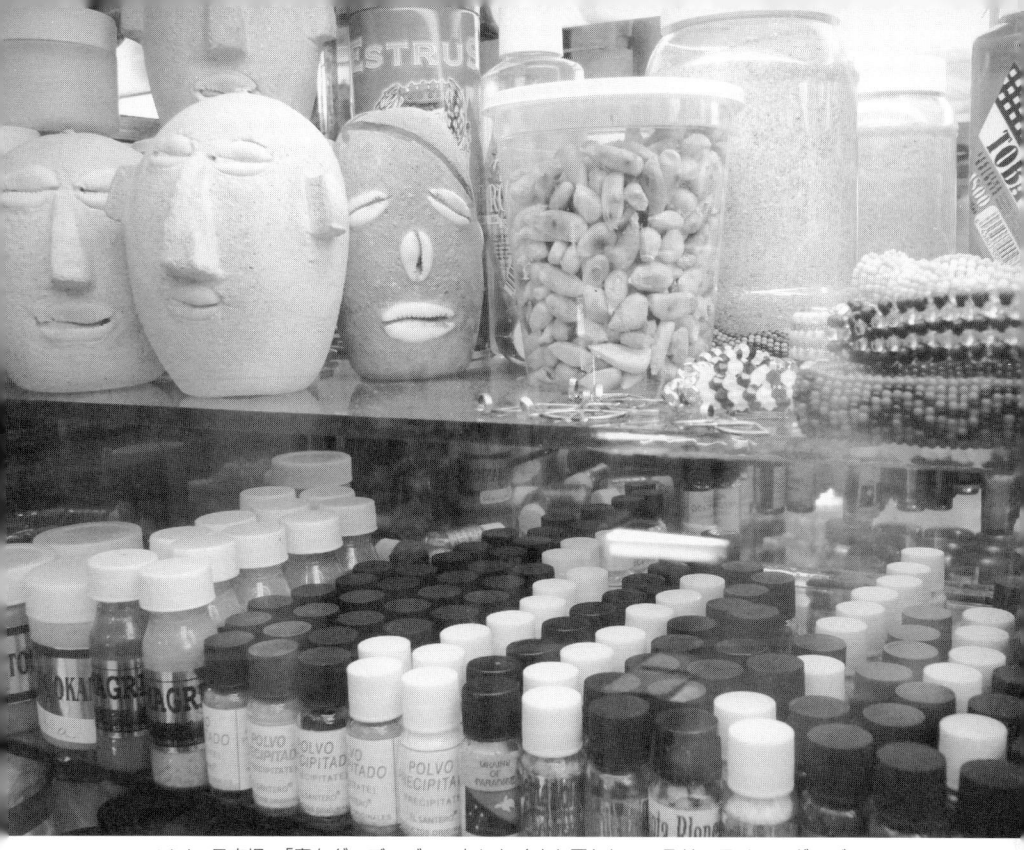

ソノーラ市場，「魔女グッズ・ゾーン」にたくさん置かれているサンテリア・グッズ

としている。オヤは稲妻，風，時間を支配し，暴力的かつ無慈悲な性格を持つ。墓地の出入口付近に棲み，人間が埋葬の儀式を正しく行っているかどうかを監視するとともに，埋葬後の地下世界を管理する役割も担っている。

　しかし，実際にキューバに行ってみると，書店にサンテリア関連の出版物はさほど並んでおらず，また信者の集会を覗いてみたいと思っても，信者でない外国人研究者に門戸を開いているグループなどまずないといってよい。実は，キューバのサンテリアについて知りたければ，メキシコで情報収集したほうが早かったりするのである。たとえば先に述べたソノーラ市場のなかの「魔女グッズ・ゾーン」を歩いてみれば，アフロ系の顔貌・黒茶色の肌の図像類や，生贄の代用物として儀式に使われる動物の毛皮，剥製，ミイラ，香やローション，儀式マニュアルなどなど，サンテリア・グッズがとりそろえてある店がそこそこある。一般に知られている以上に，メキシコとキューバの文化交流は深く進行しているようだ。

マヌエル・バラデス氏（2010年，本人提供）と彼の店ののぼり

カリスマの語るサンテリア起源説　マヌエル・バラデスは，ソノーラ市場の一角，8番通路に占いの店を出している。このあたりではすでに老舗だ。筆者は1980年代，彼がまだ若く，店を開店して間もない頃に一度会ったことがあるのだが，その後いつの間にかサンタ・ムエルテ信仰のカリスマ的存在になり，通信販売ビジネスにも手を出し，雑誌に定期コラムをもつほどの「有名人」になっていた。久しぶりに店を訪ねてみたが閉まっていた。隣の店の従業員に訊いてみると，今は週に1回程度，それも午前中の数時間しか店を開けないのだという。売れっ子らしく，超多忙な生活を送っているのだろう。

　アンブロシオは著書のなかで，バラデスの語ったキューバ起源説を紹介している。バラデスによれば，サンタ・ムエルテの持つエネルギーは，オヤとは別のオリチャで，墓地の真下に棲み，死者を地下世界へ導くイエマヤの持つエネルギーと同質だという。

カトリックとの習合　また，多くのサンテリア研究者が，キューバでカトリックの諸聖人とサンテリアのオリチャが習合してきた例を挙げている。たとえばキリスト教の聖人である聖ラサロはサンテリアのオリチャのババル・アジェと，聖アントニオはエレグアと，コブレの聖母はオチュンと習合し，人々に信仰されている。

　カトリック信仰が根強いメキシコにキューバのオリチャが持ち込まれた場合，このようなカトリック聖人とオリチャとの習合はより想像しやすくなる。サンタ・ムエルテの場合も，キューバからやってきた人々がメキシコで世代を重ねるにつれ，メキシコ化した新しい聖母＝オリチャが生まれ，それが現在の骸骨

聖母の図像へと変容していった可能性はあるだろう。

　キューバ起源説への反論としては，サンタ・ムエルテはサンテリアと違い，オリチャのオヤやイエマヤなど神の名ごとに個別化された属性や属徴を持たず，汎神的な性格が強い点が挙げられる。一方，色の持つパワーに関する規定や，色を指標とする機能・効能の峻別という発想には共通性が見られる。先ほど挙げた聖人＝オリチャを例にとると，サンテリアでも聖ラサロ＝ババル・アジェは紫色，聖アントニオ＝エレグアは赤色と黒色，コブレの聖母＝オチュンは黄色といったように，それぞれシンボルカラーを有しているのだ。

シャンゴの「黒」　サンタ・ムエルテのサンクチュアリオ（小礼拝堂）のなかには，骸骨の聖母像のほかに，黒い肌をした半裸姿のシャンゴ（あるいはチャンゴ）像が置いてあるところもある。シャンゴは正義と裁きを司る，雷や稲妻のオリチャである。戦士のような力強い姿が，悪霊退散のパワーに富むとされている。密教でいえば明王(みょうおう)にあたるような存在だろう。シャンゴは図像を見るかぎり，肌の色は黒いものの，造形的には純粋なアフリカ系というよりはムラート（黒人と西欧系白人との混血）の容貌を持っているものが多い。これは実際のムラートがモデルだったことを推測させる。メキシコでは歴史的に，ムラートは多数派のメスティーソよりも人種的に下位に置かれてきた。一方サンタ・ムエルテ信仰では，機能やパワーにおいて「黒」が最高位のカラーとされている。ひょっとするとサンタ・ムエルテの文脈においては，黒い肌には何か特別の霊的な力があると考えられ，次第に神格化されていったのだろうか。ともあれこれは，トランスカルチュラルな（＝文化間の違いを超えた）要素に注目した起源説であると同時に，階層社会の下層に属する黒人やムラートの文化現象を上位に転位させる意図も感じられる説である。

6）エル・ヌエボ・メヒコ起源説（19世紀後半）

「もう一つのメキシコ」　メキシコの歴史を遡ると，現在のメキシコ領の北に「もう一つのメキシコ」があったことが確認される。この地域はスペイン植民地時代はエル・ヌエボ・メヒコ（新しいメキシコ）領と呼ばれ，16世紀以来，大勢のスペイン人征服者や聖職者たちがこの地を訪れ，植民地化していった。

　1608年，エル・ヌエボ・メヒコ領は首府（総督府）をサンタ・フェに定め，現在のアメリカ合州国南西部諸州（現在のカリフォルニア，ユタ，ネバダ，ワ

パチューカ市，ソノリータ市場内のサンタ・ムエルテ礼拝堂に置かれていたシャンゴ像

イオミング，コロラド，アリゾナ，ニューメキシコ，テキサス，オクラホマとほぼ重なる）を領土として管轄することになった。1821年にメキシコがスペインから独立を果たした後は，これらの土地はメキシコ領とされたが，テキサス州だけは1836年にいったんテキサス共和国として独立した後，1845年にアメリカ合州国連邦に加入するという道を選んだ（テキサス併合）。

　他の領土は1846年に始まるメキシコ−アメリカ戦争（米墨戦争）でメキシコが敗れた結果，1848年に両国間で締結されたグァダルーペ・イダルゴ条約によって，1500万ドルの補償金と引き換えにアメリカ合州国に譲渡された。

　旧エル・ヌエボ・メヒコ領の首府サンタ・フェ周辺は，もともとはプエブロ・インディアンと呼ばれる定住農耕先住民の土地だった。18世紀に入るとともにこの地にはスペイン人植民者が増えたが，そのほとんどが先住民を追い出すなどの形で土地を獲得し，当時の西欧では考えられないほどの広大な地所を所有し，大規模農業や牧畜業を営んだ。各種職人や植民地政府の役人はサンタ・フェなどの都市に住み，総体として，メキシコ市を首都とするヌエバ・エスパーニャ副王領とは別個の，独自の文化を育んでいった。

　これらエル・ヌエボ・メヒコ文化圏の人々の子孫，すなわちいわゆる「ヒスパニック（スペイン語ではイスパーノ　Hispano）」の人々——スペイン植民地時代からメキシコ時代にわたるスペイン語文化の継承者たち——は，1848年のグァダルーペ・イダルゴ条約締結を境にアメリカ合州国民となった。「ヒスパニック」という言葉はこの場合，メキシコ−アメリカ戦争に勝利して支配者となったアングロサクソンに対抗して，「同じ西欧由来のスペイン文化を，アメリカ合州国で保持・継承する者」であることを強調するものであり，いわば文化的アイデンティティの示標となった。これは現在のヒスパニックの人々——自分もしくは先祖がスペイン人，あるいはメキシコ生まれのクリオーリョであり，この文化的アイデンティティに誇りを持ち，アメリカ合州国に住んでいる人々——にも受け継がれている。

ペニテンテの結成　　旧エル・ヌエボ・メヒコ領のヒスパニック系住民の大多数は，先祖代々カトリック教徒だった。しかしアメリカ合州国への併合後は，それまで機能していた，メキシコを発信基地とするカトリックの宗教サービス供給路が絶たれてしまった。

　アメリカ合州国で多くを占めるプロテスタントたちは，ヒスパニックのカト

▶p.40

訪問レポート ④ パチューカの巨大サンタ・ムエルテ像

　イダルゴ州の州都パチューカ市は，首都メキシコ市から高速バスで約2時間の距離にある。州の財政はさほど裕福ではなく，州都パチューカのバスターミナルもこじんまりとしたものだった。地図さえ掲示されておらず，観光行政の遅れも明らかだ。

　2009年3月の訪問時，まずは州庁舎や市役所，劇場などが集中している町の中心広場に向かった。観光案内所もなく，途方に暮れていたところ，劇場の建物の1階に書店が入っているのを見つけ，とりあえずそこで地図を買った。次いで店員にサンタ・ムエルテの礼拝堂を知っているかと訊いてみると，「ソノリータ市場のなかにありますよ」と即答してくれた。それほど有名な場所らしい。しかも広場からタクシーで10分もかからないという。喜びいさんで出かけた。

　「ソノリータ」という呼称は，前述のメキシコ市内の巨大市場「ソノーラ」の小型版を意味する。実際，行ってみるとたった8店舗しかない本当に小さな市場だった。しかもそのうち5軒は閉まっている！　何だここは，と思いながらも足を踏み入れると，店舗の列に隣接して巨大なサンタ・ムエルテ礼拝堂が建っていた。

　外見も内部もまるで倉庫なのだが，入口を入れば中央奥には祭壇があった。そこに祀られていたサンタ・ムエルテ像は，高さ2メートル近くもあった。ほかにも，半地下に据えた棺の中に横たえられた像，水を張った浅いプールの縁に据えられた玉座に坐った像，さらに壁に沿って大小10体近くの像があった。なかでも全身木彫りの像が，とりわけ土着的信仰との融合を感じさせて印象的だった。礼拝堂の出入口にあたる西側の壁には，ほぼ等身大サイズのシャンゴ像（p.34写真参照）が安置され，その足元にはさまざまな供物が所狭しと置かれていた。なぜ出入口にはサンタ・ムエルテ

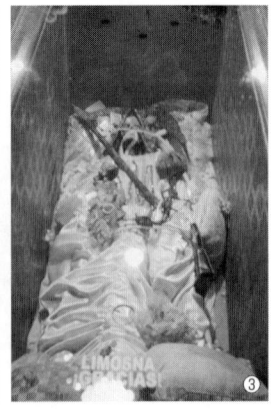

①ソノリータ市場のなかに建っていたサンタ・ムエルテ礼拝堂
②祭壇に祀られたサンタ・ムエルテ像に祈りを捧げる信者たち
③半地下の棺に納められたサンタ・ムエルテ像

でなくシャンゴ像なのか。その理由は，シャンゴの悪霊退散の力能である。「キューバ起源説」を支持する根拠になりうる存在感である。また，シャンゴ像よりサイズは小さいが，後述する「麻薬業者の聖人」マルベルデ（訪問レポート7）の像も置かれていて，これまた多くの供物で埋まっていた。

　サンタ・ムエルテの平面図像も数多く奉納されていたが，そのなかで，立体像を写真に撮ったものがやや異質で気になった。礼拝堂の創設者で，ソノリータ市場内で店舗を経営しているマルティン・デ・ヘスース氏に，この写真の由来について尋ねてみた。するとこれがなんと，「訪問レポート1」で触れたテパテペック村の幻のサンタ・ムエルテ像だったわけである。

　ヘスース氏は，ソノリータで進行している新プロジェクトについても説明してくれた。なんと，高さ6メートルに達する巨大サンタ・ムエルテ像を制作し，その巨大聖像を安置するための新礼拝堂も建立する計画だという。完成すればもちろん世界最大のサンタ・ムエルテ像ということになり，メキシコ各地から巡礼者が集まる聖地となることは必至だろう。礼拝堂周辺にはすでにそのための作業場が設置されており，巨大聖像の顔の部分の石膏型が日陰干しされていた。建設資金がどこから出るのか訊いてみたところ，すべてパチューカ市内や近郊の信者たちの小額寄付だけでまかない，誰か特定の大口出資者（ソシオ）がいるわけではないという。長い期間をかけて少しずつ信者数を増やし，かれらから得た寄付金を積み立ててきたのだそうだ。改めてサンタ・ムエルテ信仰の拡がりを再確認させる言葉だった。

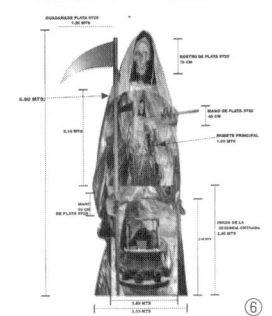

④シャンゴ像に供えられた供物
⑤マルベルデの像も祀られていた
⑥礼拝堂のパンフレットに掲載された高さ6メートルの巨大像の完成予想図

第1章　サンタ・ムエルテのルーツと現在

プールの縁の玉座に坐るサンタ・ムエルテ像

木彫りのサンタ・ムエルテ像

左：ニューメキシコ州テペアカ村の野原の中に建つペニテンテの像。十字架を担いでゴルゴタの丘へ向かうイエスの姿がかたどられている／右：ニューメキシコ州ラス・ゴロンドリーナスのモラーダ

リック的精神生活には理解を示さなかった，というより無関心だった。カトリックの司祭たちの多くは，メキシコ‐アメリカ戦争でメキシコが負けたことで活動を大幅に制限された。このため旧エル・ヌエボ・メヒコ領でも，より辺境な地域に住んでいたヒスパニックのカトリック信者たちは，収入の多寡や従事する職種に関係なく，精神生活においては危機に陥ってしまった。教会堂を維持するための資金も援助もなくなり，司祭による毎日曜のミサはむろんのこと，誕生，受洗，堅信，結婚，葬儀，埋葬に至るまでの日常的な宗教サービスも，望む時に受けられなくなった。場所によっては1年に5日程度，それも不定期に訪れる巡回司祭の日程に合わせて，洗礼式や結婚式，葬儀などを集中的に行うことになった。

あまりに不便かつ精神的危機が高じたため，旧エル・ヌエボ・メヒコ領のカトリック信者たちは，自分たちでカトリックの各種宗教サービスをまかなうことを決意する。自発的・任意の信者集団を組織し，信者間で選ばれたリーダーが司祭を代行し，ミサや儀式を執り行う組織「ペニテンテ」を結成し始めたのである。もちろんカトリック教会組織は，民間人が司祭に代わりミサをとりしきるなどということを，公式に認可するはずもなかった。

ペニテンテ（Los Penitentes）の正式名称は「ナザレの子イエス・キリストを信仰する兄弟同志団（Los Hermanos de la Fraternidad Piadosa de Nuestro Padre Jesús Nazareno）」である。リーダーの資格はとりわけ篤い信仰心を持つこととされる。会員たちは生涯をかけて，イエス・キリストの14の受難を聖書の時系列に沿って苦行として追体験することから，ペニテンテ（贖罪，苦行）の通称で呼ばれるようになった。

ペニテンテは市町村ごとに組織されたわけではなく，その分布は行政区やコミュニティの単位とは一致しない。どのペニテンテ組織に属するかはあくまで個人の自由選択だが，入会には厳しい資格審査があり，家族全員の承諾が前提とされた。また一度入会すると生涯脱会はできず，たとえ仕事の都合で遠隔地に引っ越すことになったとしても脱会は認められなかった。職種に制限はなく，政治・行政関係から金融，農牧業，専門職などさまざまな職業の人々が入会していた。やがてペニテンテは「宗教サービスを自分たちの手で」という本来の目的を超えて，住民同士が困った時に助け合う互助機能もあわせもつようになり，21世紀の現在も宗教的・世俗的互助組織として各地で活動を続けている。時には便益供与が秘密裏に行われることで，一種の秘密結社の趣さえ呈するようになり，選挙などの政治的場面でも影響を及ぼしている。

　各地のペニテンテでは定期的に聖書の講読会や勉強会が開催された。そのための集会施設モラーダは，ごく小さな窓をもつだけの地味で目立たない外観である。内部は質素で一部屋しかなく，礼拝用の祭壇と集会用のテーブル・椅子が置かれているだけだった。

　カトリックでは，礼拝の対象となるサント（聖像）やレタブロ（平面図像），それに祭壇やレレド（祭壇後方衝立）が不可欠である。ペニテンテでも組織ごとに，こういった礼拝のツールが会員の手で制作された。図像学的知識や技術に秀でた会員にはサンテロという資格が与えられ，時代を経ると専門職のようになっていく。かれらが制作するサントやレタブロにおいては，カトリックの伝統規範とは異なる図像が生み出されていった。つまりペニテンテという，非聖職者の会員だけで構成された閉鎖的な信仰の世界において，図像解釈的にはカトリックの伝統から外れているものも認められるようになり，新しい図像が創出されていったのである。これらの新しい図像のなかには，ペニテンテの枠を超えて，広くヒスパニック社会全体に受容されていったものもある。

サン・セバスティアーナ像　　その一つがサン・セバスティアーナ像である。スペイン語ではサンタ・セバスチアーナ（Santa Sebastiana）だが，現在ではSantaがSanと略され，スペイン語話者も「サン・セバスティアーナ」と呼んでいる。女性性の強調と親しみを込めてドニャ・セバスティアーナ（Doña Sebastiana）と呼ぶ場合もある。もともとは旧スペイン植民地に伝わる「死の女神」の形象で，名称からはキリスト教の殉教者「聖セバスティアヌス」との関連が想起さ

▶p.44

訪問レポート 5　サンタ・フェの暴れん坊を救った「死の女神」

　現在のメキシコは，スペイン植民地だった時代はヌエバ・エスパーニャ（新スペイン）副王領と呼ばれていた。そのヌエバ・エスパーニャ領メキシコの北に位置するエル・ヌエボ・メヒコ領の総督府が置かれていたのが，現ニューメキシコ州のサンタ・フェ市である。この町にはこうした歴史的経緯から，スペインとメキシコの文化が混交した「スペイン＝メキシコ文化」の伝統が根強く残っている。

　市内には全米最大のヒスパニック美術コレクションを誇る国際フォーク・アート美術館があり，毎年7月最終週末に開催されるヒスパニック・アートの祭典「サンタ・フェ・スパニッシュ・マーケット」も有名である。この祭典は大御所から新人まで多数のヒスパニック・アート作家たちが，各自に割り当てられたブースで自作を披露する競演の場でもあり，まだ美術界で認知されていないような芸術の実験が許される創造の場でもある。当然，コレクターやバイヤー，美術研究者にとっても必見のイベントだ。サン・セバスティアーナの図像規範の系譜は国際フォーク・アート美術館の常設コーナーで確認することができるが，現在まさに生まれつつあるサン・セバスティアーナ，あるいはサンタ・ムエルテの図像とその創出プロセスをじかに体験するには，このスパニッシュ・マーケットを訪れるにしくはない。1997年の7月，イベントの時期をめがけてサンタ・フェを訪れてみた。

　州立博物館（植民地時代の旧総督府を改造したもの）に面した中央広場を中心に，300人以上の美術作家がブースを出している光景は圧巻で，とても1日では回りきれない。しかしとにかく急ぎ足で見て回ったところ，あの一目でわかる少々おどろおどろしいサン・セバスティアーナの図像を出している作家は少なかった。それでも，非常に印象的な作家と作品に出会うことができた。作家の名はニコラス・エレーラ。革の袖なしベストから出ている肩と腕には刺青，厚い口ひげにテンガロンハット。見た

大勢の美術愛好家や研究者で賑わうスパニッシュ・マーケット

ニコラス・エレーラ氏

目はヘルズ・エンジェルス系バイカーといったところだが，並べてある作品は驚くほど繊細だった。

　筆者は彼のブースの片隅に，まるで「間違って売れては困るから」とでもいうようにひっそりと置かれているサン・セバスティアーナ像を目ざとく見つけた。そこで，サンタ・ムエルテとの関連も含めて質問してみたが，創作意図にサンタ・ムエルテのイメージは含まれていなかったらしく，作家は困惑の表情を浮かべた。彼は答えのかわりに，美術雑誌で自らの幻視体験を語ったインタビュー記事のコピーをくれた。

　記事によると，ニコラスは十代の頃は典型的な落ちこぼれの暴れん坊で，飲酒・喫煙はもちろん麻薬にも手を出し，暴力沙汰などでたびたび警察の世話になっていた。ついにある日，飲酒運転で大事故を起こし，半死半生，意識のない状態で病院に担ぎ込まれた。幸い後遺症もなく回復したが，3か月に及ぶ入院生活のあいだ，サン・セバスティアーナが何度も彼の前に現れ，荷車(カリート)に乗せて連れて行こうとしたり，大鎌で首をはねようとしたという。そのつど必死に逃げ回り，涙ながらに許しを請い，自己流の祈禱を繰り返すうちに，最後に一言「許す」という言葉が聞こえ，そこで意識が戻ったのだという。こうして「死の女神」の許しで九死に一生を得た（と思った）ニコラスは，以来心を入れ替えてペニテンテに入会し，聖書を学び，美術作家となるため真剣に修行を積んだ。作品が売れるようになり，成功してからも，必ず年に1体はサン・セバスティアーナ像を制作するようにしている。「死の女神」に感謝を捧げる意味もあるが，それによって自分の「原点」を確認してもいるのだそうだ。

　スパニッシュ・マーケット内にサンタ・ムエルテと特定されうる作品は見当たらなかったが，サン・セバスティアーナはいまだ命脈を保ち，社会的救済の機能を果たしているようだ。ニコラスの「実体験」に触れたことで，両者をつなぐ図像が見つけられなかったにもかかわらず，「エル・ヌエボ・メヒコ起源説」に真実味が感じられるような気がしてきた。

サン・セバスティアーナ像（国際フォーク・アート美術館蔵）

れる。聖セバスティアヌスの説話は架空の物語で，その名前はキリスト教の普及によって消滅していった古代の神々の総称（ラテン語化された名称）である。そこから考えると，サン・セバスティアーナはアングロサクソンのプロテスタント的信仰に対抗する原理としてキリスト教成立以前の西欧の古い神々を復活させ，あまつさえ女性格を与えたものであり，古くて新しいローカルな聖人といえる。その図像は基本的に，全身骸骨姿で，衣服を着せる場合は顔と手足を除いて全身を黒のチュニックで覆い，カリート（荷車）に乗っている。手に弓矢か長柄の大鎌を持たせることも多い。

　この「死の女神」は，ヒスパニック社会に対して日ごとに有形無形の圧力を強めてくるアングロサクソンとの軋轢のなかで，最終的には自分たちヒスパニックを救済してほしいという願望が込められた表象だったのかもしれない。あるいはそこまでいかなくとも，死を司る闇のパワーによって，日々の不安や恐怖の種を駆逐してくれる存在として信仰の対象になったと解釈できる。いずれにしてもこのサン・セバスティアーナは，カトリックの正統に基づく図像サンプルをほとんど持たなかった閉ざされたペニテンテ内で，聖書に関する深い知識に基づいて生み出されたものだった。それがヒスパニックの民衆社会の内発的な感性に適合し，精神的なニーズを満たす表象として広く受け容れられるようになったのだろう。

　一見してわかるとおり，骸骨姿のサン・セバスティアーナとサンタ・ムエルテの図像には類似点が多い。女性格の神である点も共通している。

　サン・セバスティアーナからサンタ・ムエルテへの変容について，筆者は次のようなシナリオを想定する。19世紀，メキシコ独立運動（1810-21）からメキシコ‐アメリカ戦争（1846-48），そしてレフォルマ戦争（1857-61）と呼ばれる内乱に至るプロセスのなかで，メキシコの民衆は次第にカトリック教会組織に対して失望感を高めていった。不安定な社会状況のもとで，ささやかな幸福を願う大多数の貧しい人々は，教会が自分たちの救済のために何もしてくれ

ないことに気づいたのである。この隙間を埋めてくれたのが，旧エル・ヌエボ・メヒコ領のヒスパニック社会からやってきたサン・セバスティアーナであった。ただしその「輸入」に際しては，外観を端的に指し示すとともにカトリックの伝統の名残が感じられる「死の聖母＝サンタ・ムエルテ」という呼称が採用されるようになっていったのではないか。ちなみに，ヒスパニック社会においてサン・セバスティアーナ像が流布した時期は1870-80年代であり，メキシコへの「輸入」はそれ以降と考えられる。

7）南米起源説

サン・ラ・ムエルテ起源説（19世紀後半？）　サンタ・ムエルテ信仰およびその図像の起源を，現在の南米諸国に求める説もある。そのなかからまず，アルゼンチン，ボリビア東部，パラグアイ北西部，ウルグアイ西部，ブラジル南部に見られる，サンタ・ムエルテに近しいと思われる図像を紹介しよう。

　この図像はとりわけアルゼンチン北部のコリエンテス州やフォルモサ州あたりに集中的に分布しているようだ。ただし，南米では「サン・ラ・ムエルテ San La Muerte」（正式にはセニョール・デ・ラ・ブエナ・ムエルテ Señor de la Buena Muerte）と，男性格の神となっている。これは磔刑で亡くなったイエスが，埋葬後に救い主キリストとして復活したという聖書の記述に基づき，「復活のイエス・キリスト」を反映しているためである。別称が多数あり，文献に出てくるものだけでも前出のサント・エンティエロ（Santo Entierro 埋葬の聖人）のほか，セニョール・デ・ラ・パシエンシア（Señor de la Paciencia 犠牲の聖人），サン・ラ・パシエンシア（San La Paciencia 聖なる犠牲者），サン・フスト（San Justo 正義の審判の聖人），ヌエストロ・セニョール・デ・エスケレティコ（Nuestro Señor de Esqueletico 骸骨のイエス・キリスト），サン・エスケレト（San Esqueleto 骸骨の聖人）などがある。

　「キリストの復活」は出典によって図像の形象や背景の描写が異なる。西欧の典型的な図像としては，キリストが磔刑の傷の癒えた姿で，蓋の開いた棺の縁に足をかけて立ち上がり（あるいは棺の縁に腰をかけ），手には勝利を示す大きな旗を持っているものがある。この図像を骸骨姿に変え，旗を長柄の大鎌に持ち代えれば，南米のサン・ラ・ムエルテ像に近くなる。

　ところで先に挙げたサン・ラ・ムエルテ信仰が集中的に見られる地域のほと

左:イタリア・ルネサンスの画家ピエロ・デッラ・フランチェスカによる『キリストの復活』(1463)／右:「復活のイエス・キリスト」の骸骨版,サン・ラ・ムエルテ。ただしこれは南米ではなく中米グアテマラの旧サント・ドミンゴ修道院(訪問レポート3参照)のもの(© Carlos Navarrete / *arqueología MEXICANA*, Noviembre-Diciembre 1999, Vol.VII-Núm.40, p.55)

んどは,グアラニと呼ばれる先住民の文化圏と重なる。この地域はまた,植民地時代以降はイエズス会のレドゥクシオン(伝道のための共同生活村)建設が盛んに行われたところでもあった。この二つの地域的・歴史的要素がサン・ラ・ムエルテ信仰とどのように関連するのかを明らかにするための資料・研究の蓄積はいまだ不十分である。だが,この分野の研究の先駆者である前述のアンブロシオは,1767年にスペイン王カルロス3世がスペイン本土と植民地からイエズス会士を追放するまでは,この地域のグアラニ系住民の間でサン・ラ・ムエルテの図像が流布していたと述べている(ただしそれを裏づけるデータの出所は明らかにしていない)。それまではイエズス会の庇護のもと,カトリック教会から事実上黙認されていたサン・ラ・ムエルテ信仰は,イエズス会追放以後異端として弾劾されるものとなり,やがて地下に潜って密かに受け継がれたか,あるいはキリスト教の諸聖人などと習合していったとされる。

　こうした潜伏化の歴史もあり,18世紀末から20世紀初頭までのサン・ラ・ムエルテ信仰に関する資料は見つかっていない。しかし20世紀に入るとカトリック教会の態度も変わり,サン・ラ・ムエルテ信仰も再び容認されるようになり,資料も増え,メキシコのサンタ・ムエルテと比較することが可能になっていった。

やや話がそれたが，ともかく「南米起源説」によれば，サンタ・ムエルテの本性はサン・ラ・ムエルテすなわち「復活のイエス・キリスト」であり，それがメキシコ化の過程で聖母と習合し，女性格になったのだと推定される。すでに「サカテカス鉱山起源説」のところで紹介した奇蹟譚でも，サント・エンティエロ＝「復活のイエス・キリスト」像とサンタ・ムエルテ像との強い結びつきがうかがわれた。しかしながら，この「南米起源説」も多くは推測に基づくもので，実証は難しい。イエズス会の庇護を失った後も細々と続けられていたグアラニの人々の信仰が，いつ，どのような形でメキシコに伝えられたのか定かではないからだ。それでも，両者の図像的な類似性にはきわめて興味深いものがある。

ラ・ジョローナ起源説（19世紀後半？） 旧知のコロンビア出身の画家ゴンサロ・ピニーリャの情報（2008年3月）によると，コロンビアにはサンタ・ムエルテ像に近いものとして，「ラ・ジョローナ」の図像があるという。典型的な像としては，骨と皮ばかりに痩せたチュニック姿の中年女性で，振り乱した髪，泣き腫らした大きな目が特徴である。

ラ・ジョローナ（La Llorona 泣き女）の伝説は，コロンビアに限らず，広くラテンアメリカのスペイン語圏に流布している。時に大衆の願望を反映しつつ，口承から文学作品までさまざまな形で各地に伝えられてきた。異聞も多いが，伝説の基本は次のようなものである。マリアという名の子持ちの美女が，夫ではない男を愛し，彼と暮らすために邪魔になった自分の子どもたちを溺死させる。しかしやがてその男に捨てられ，自殺する。ところが天国の門で，自ら手にかけた子どもを全員探しださなければ天国には入れないと告げられる。骸骨を彷彿させる異形の姿で下界に戻ったゾンビ・マリアは，泣き叫びながら，見つかるはずもないわが子らを探して永遠に地上をさまよう……。どこか仏教の鬼子母神にも通じる悲しい物語である。

ラ・ジョローナの説話がラテンアメリカ全域に普及したのは，挿絵入り出版物が広範に流通するようになる19世紀後半以降とみるのが妥当だろう。したがって，さほど遠くない，むしろ現代にかなり近い過去に，「泣きながら子どもを探すマリア」が骸骨の聖母＝サンタ・ムエルテへと変容したというのがゴンサロ・ピニーリャの仮説である。しかし実証は難しい。

余談だが，コロンビアには「泣く行為」を通して「死と再生」のイメージを

典型的なラ・ジョローナの図像

表現する一大奇祭がある。カリブ海に面したカルタヘナ港に近いバランキーリャ市は，ブラジルのリオ・デ・ジャネイロほどではないがカルナバル（カーニバル）で有名な観光地で，「バランキーリャのカルナバル」としてユネスコ世界無形文化遺産にも登録されている。2週間にわたって開催されるカルナバルの最終日は「ホセリート・カルナバル」と呼ばれ，ほとんどの市民が参加してカルナバルの終焉をひとつの「死」として嘆き，号泣する演技を繰り広げる。今年の祝祭を涙で葬り，翌年の祝祭の再生を待ち望むのである。ホセリート（Joselito）はホセ（José ヘブライ語でヨセフ）の愛称で，イエスの遺体を埋葬したアリマタヤの聖ヨセフを指す。するとこの奇祭は，祝祭の循環と「キリストの復活」を重ね合わせたものということになるかも知れず，そこにサンタ・ムエルテとの関連も想像したくなるところではある。

信仰の現在

ここまで，サンタ・ムエルテ信仰と図像のさまざまなルーツを検証してきたが，本章の最後に，主に現代メキシコの"危険なエリア"において，サンタ・ムエルテがどのように受容されているのかを見ておこう。

1）テピートにおける発展（1962年以降）

テピートの現在　サンタ・ムエルテは20世紀後半にメキシコ民衆文化の一大イコンとしてブレイクしたが，それにテピート地区の住民が大きな役割を果たしたというのは，確認できる資料に事欠かないせいもあり，ほぼ定説になって

いる。信仰の「起源」とはいえないが，この地区の歴史的役割を無視することはできない。

　テピートは，メキシコ市北部の一地区の呼称である。ブエナビスタ駅から終点シウダ・アステカ駅へと東西に延びる地下鉄B号線の，始点から3つ目のラグニーリャ駅と隣のテピート駅に挟まれた半径数キロの狭小なエリアだが，小さな露店が密集し，入り組んだ道が迷路のようになっている。新しい露店業者が次々と参入してくるため，地区の境界は常に曖昧で，アメーバ状に日々拡散・拡大している。テピートは複数のコロニア（行政区）にまたがっており，行政的な地区単位ではない（たとえば大阪のミナミや東京の秋葉原のように）。テピートで生まれ育ち，街の風景を撮り続けている写真家・版画家のミゲル・スニーガにいわせると，テピートは単なる地区名ではなく，「テピテーニャ文化圏」を表していると考えた方が適切だという。

　二昔前（1980年代以前）の観光案内や旅行記では，テピートは盗品や違法品を売る「泥棒市」が開かれているちょっとおもしろいエリア，などと紹介されているが，20世紀末にはそんな悠長な場所ではなくなった。誰かが盗んできた品を強奪して又売りするなど日常茶飯事で，買売春や麻薬・銃の違法取引，幼児売買に強姦，強盗，殺人と，泥棒市どころか「犯罪見本市」のようになってしまった。いまやテピートは，無防備な観光客が興味本位で訪れれば大変な目に遭う場所のひとつになっている。

　市中心部には地下鉄B号線とほぼ平行に6車線の広い車道が走っているのだが，うち歩道側に近い4車線が露店で占められており，年中渋滞が起きていた。あまつさえ，渋滞で身動きできない車を狙い，窓外から銃やナイフを突きつけて金銭を奪うような強盗事件も多発した。タクシーも怖がって，テピートへ行く客がしばしば乗車拒否に遭ってもいた。事態を看過しえなくなった警察は2007年4月，車道を占領していた露店を強制的に撤去するという強硬手段に出た。犯罪撲滅という大義には誰も逆らえなかった。これはテピートに限った話ではなく，その後，市内のセントロ歴史地区でも同じような措置がとられ，開業資金のほとんどかからない露店商をする以外に生活の糧を持たない市内の低所得者たちは，生活とビジネスの場を同時に失うことになり，パニック状態に陥っている。

　さらに，車道と地下鉄に沿って巨大なショッピング・モールを建設する都市

テビート地区で開かれたサンタ・ムエルテ例祭の様子

左：歩道を占拠した露店。歩行者は車道を通行する／右：テピート地区に計画されているショッピング・モールの完成予想模型

再開発計画が進行している。テピート地区もいまや、世界中の「スラム」同様、ジェントリフィケーションの標的となっているのだ。それはひるがえせば、「テピテーニャ文化圏」の人々の帰属意識やアイデンティティが危機にさらされているということでもある。

テピテーニャ文化と1962年の礼拝堂　テピートの人々は、「貧困からの脱却」「自助努力」「相互扶助」の三つをモットーとしている。その実現のために、犯罪者か「堅気」かに関係なく、人々は互いに支え合い、人脈を大切にし、さまざまな私的組織を築いてきた。それらの営みの総体がテピテーニャ文化なのである。

　20世紀も半ばになると、現代的なストレスに疲れ果てたテピート住民たちは、魂の問題を解決するのにもはや既存のカトリック教会では満足できなくなっていた。実際、この地区に教会堂のたぐいはほとんど見られない。犯罪に巻き込まれるのを恐れる司祭たちは、この地区での活動には消極的だった。ただ、もともとほとんど無人だった場所に20世紀以降、仕事を求めて地方から流入してきた国内移民が住み着き、世代を重ねて形成された街なので、歴史的経緯からすれば教会が根づかなかったのもうなずける。南米の大国ブラジルでは、テピートのような大都市の最貧困地区でプロテスタント信者が増加している事例が多数報告されている。一般論として、伝統的カトリック教会組織はもはやラテンアメリカの貧しい民衆の魂を救えなくなっているのかもしれない。

　テピートのサンタ・ムエルテ信仰は、そういった住民の心の空白を埋めるものとして、人々の間で語り継がれてきたさまざまな言い伝えや「都市伝説」のたぐいを統合しつつ発展していったものといえそうである。ブラジルの都市部

サンタ・ムエルテ信仰はテピート地区に深く根づいている

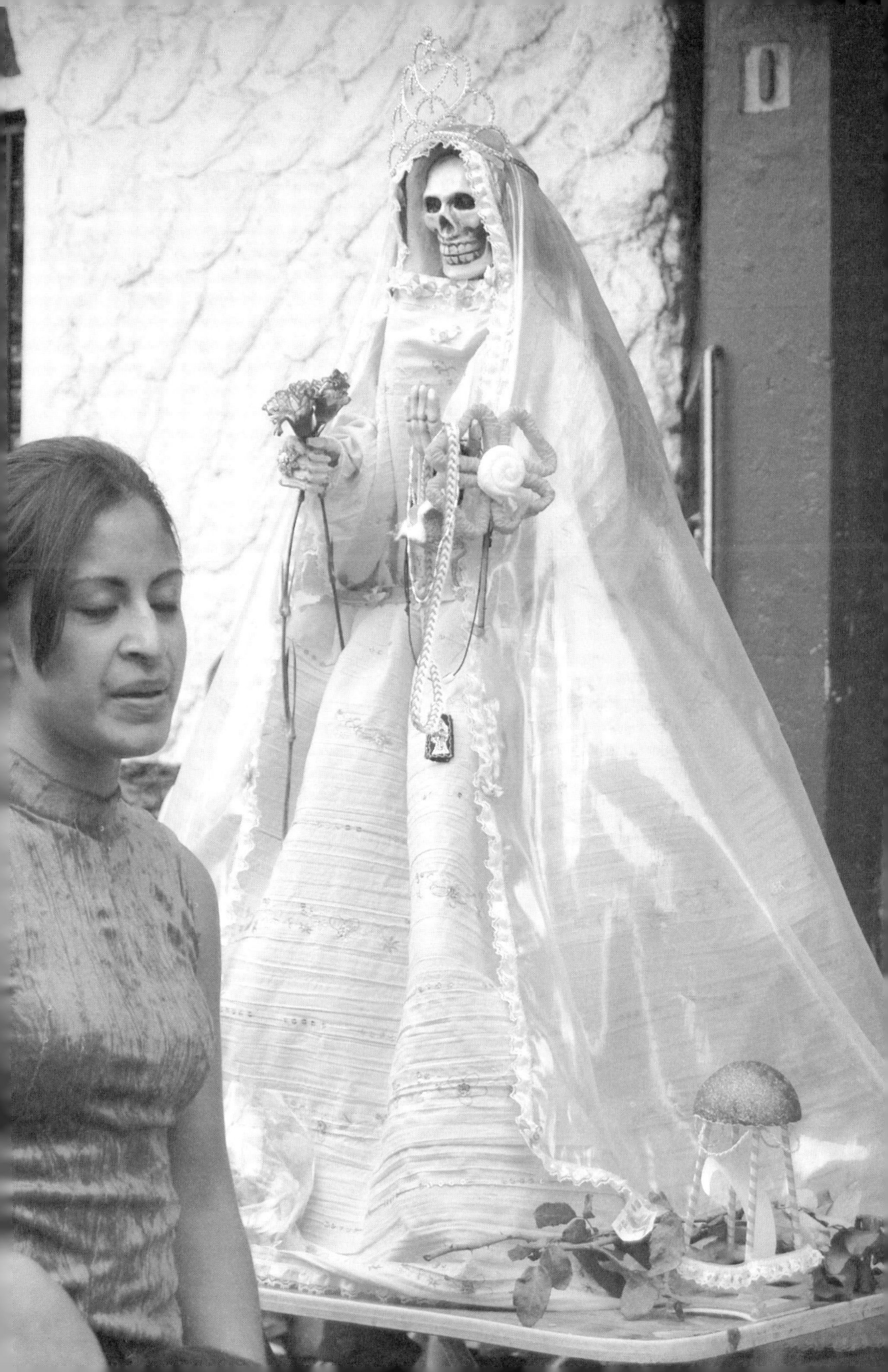
0

でプロテスタントが担っている役割を，メキシコではサンタ・ムエルテ信仰が一手に担っているのではないだろうか。

パナデロス通りとミネロス通りが交差するあたり，アルフェリア通り12番地にテピート地区最初のサンタ・ムエルテ礼拝堂が開設されたのは，1962年のことだった。この礼拝堂を管理するエンカルガドーラが，エンリケタ・ロメロ・イ・ロメロ夫人，通称ドニャ・ケタである。

2007年の取材時におそらく60歳代後半だったと思われるドニャ・ケタは，地元の信頼厚い長老のような存在だが，明るい気さくな人柄で人々から愛されている。筆者のインタビュー中も道行く人から次々と声がかかり，彼女を独占することは誰にもできないようだった。

ドニャ・ケタが嫁いできた時，すでにロメロ家ではサンタ・ムエルテを信仰していたという。彼女は夫の叔母レオノーラ・パレデスからサンタ・ムエルテのすべてを学んだ。そしてこの素晴らしい神を，ロメロ家だけのカルトにしておくのはもったいない，広く普及させたいと考え，家の敷地内のアルフェリア通りに面した一角に約3メートル四方の礼拝堂を自費で建設し，地元の住民に開放したのである。

堂内部に大理石の床を敷いたり，飾り棚や備品を設置する作業はすべて近隣の人々がボランティアで協力してくれたそうで，とても感謝していると語っていた。礼拝堂の隣には売店が設けられ，参拝用の蠟燭や花束，図像，ネックレスなどのグッズが売られており，夫のロメロ氏も店を手伝っていた。

礼拝堂はアルフェリア通りに面した壁だけが全面ガラス張りになっており，祭壇に安置されたほぼ等身大のサンタ・ムエルテ像が外から見えるようになっている。像の周囲は色鮮やかな花束などの供物で埋め尽くされていた。筆者の取材中，アステカの戦士の民族衣装を着たグループやマリアッチ・バンド（ビウエラ，ギター，ギタロン，バイオリン，トランペットなどで構成されるメキシコの代表的な楽団様式）が訪れては，礼拝堂前でパフォーマンスを繰り広げていた。信者によるこうしたボランティア活動もサンタ・ムエルテへの奉納・寄進であり，ロメロ家から食事などがふるまわれる。ドニャ・ケタとロメロ家の礼拝堂は，地元の人間関係を重視するテピテーニャ文化に育まれたサンタ・ムエルテ信仰が，社会的機能を担ったことの一つの結実といえそうである。

テピートに生成する「新しい美術」　　テピートではまた，サンタ・ムエルテの盛

①信者に囲まれたドニャ・ケタ（画面右，こちらを向いて笑っている花柄ワンピースを着た女性）／②ロメロ家の敷地内に設けられた礼拝堂には多くの信者が訪れる／③ドニャ・ケタが祀るサンタ・ムエルテ像／④ドニャ・ケタと夫のロメロ氏／⑤⑥礼拝堂の前で，アステカの衣装と楽器で音楽や踊りを奉納する信者グループ

第1章　サンタ・ムエルテのルーツと現在

ドーニャ・ケタの礼拝堂隣の売店

大な祝祭が定期的に行われている。写真家ミゲル・スニーガが見せてくれた過去のイベント記録によると、かつては毎月1日に例祭が執り行われていたようだが、2000年頃に毎月第1土曜日に変更されている。おそらく公務員やサラリーマンなど定職を持つ信者の便宜を考えてのことだろう。例祭日にはアルフェリア通り一帯が歩行者天国となる。信者たちはめいめい自分のサンタ・ムエルテ像を持参し、地べたに臨時の祭壇を設けて、互いに語り合い、像を見せ合い、知識や情報を交換し、信仰を深める。毎月の例祭のほか年に一度の例大祭もあり、2007年は10月31日金曜日から翌11月1日土曜日に日付が変わる深夜0時が開始時刻だった。これはちょうど「死者の日」（ラテンアメリカ全体で見られるが、メキシコが特に盛大）の祝祭期間とも重なっており、習合の一種とも考えられる。

　信仰という文脈から切り離して眺めると、この例祭・例大祭はまさに「骸骨像の祭典」、民衆アートのフェスティバルである。バービーやリカちゃんに代表される着せ替え人形、あるいはガレージキットやフィギュアのイベントを思わせる雰囲気もある。ファッション・センスでいえば、「キモかわ」「エロかわ」「悪魔系」が交錯したゴスロリ（ゴシック・ロリータ）と通底するところがある。してみると、アルフェリア通りは東京でいうなら秋葉原か池袋、集う人々はアキバ系ということか。さてそこに信仰の側面をふたたび埋め戻すと、サンタ・ムエルテ現象は民衆文化だのサブカルチャーだのといった紋切り型の概念ではとらえきれないものだと感じる。それはある種の生き方、近代世界の呪縛を断ち切ろうとする自己表現の様態であり、そこに生成しつつあるものは、日本のアニメともおそらく多くの共通項を持つような「新しい美術」なのではないか。

テピートの2007年の例大祭で掲げられていた手作りの横断幕

テピートの例大祭は自慢の像をお披露目する機会でもある。見物人は歩行者天国になった路上に並ぶ像の出来映えが気に入れば、お菓子や果物、花などを供えて祝福する

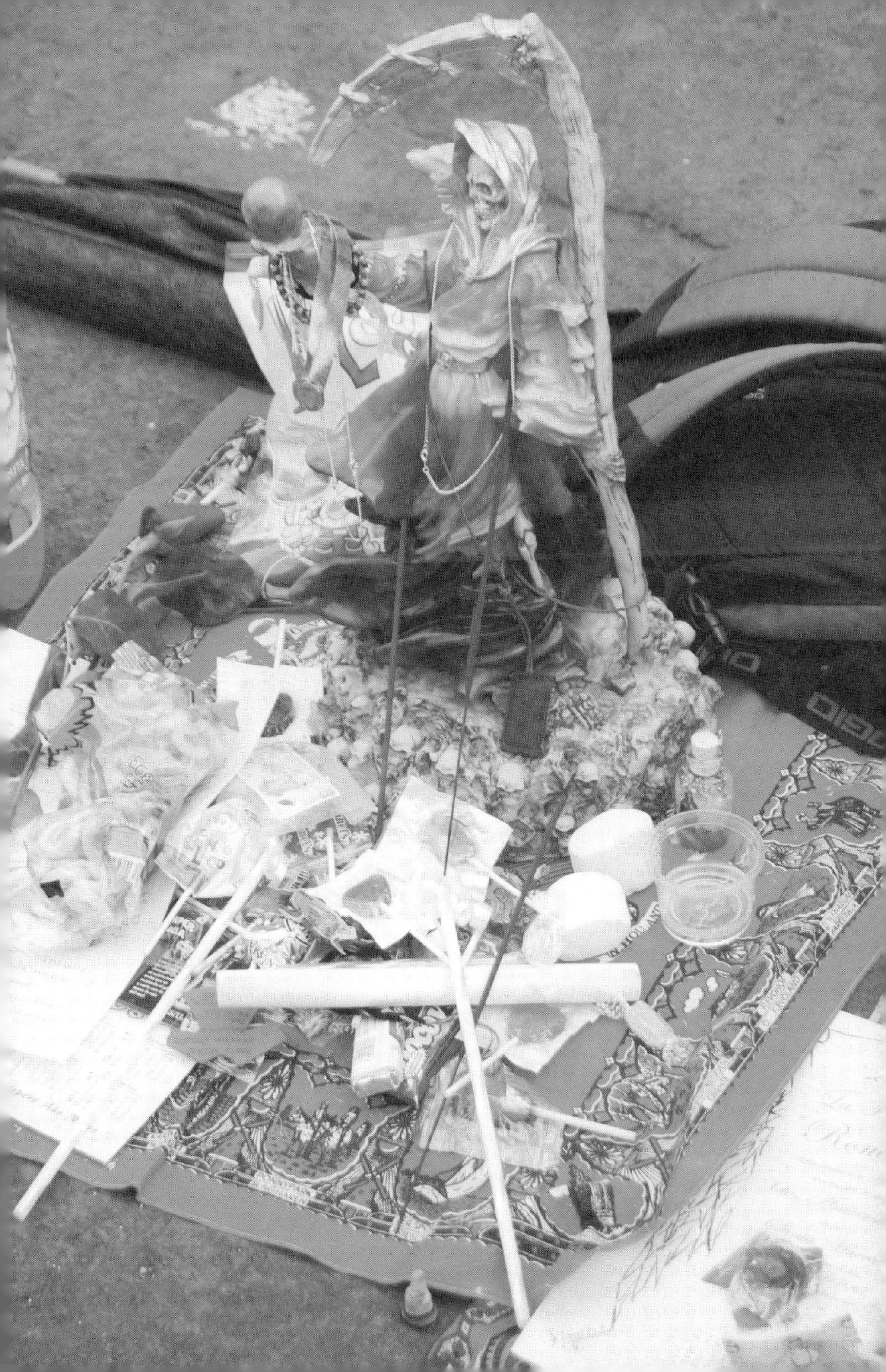

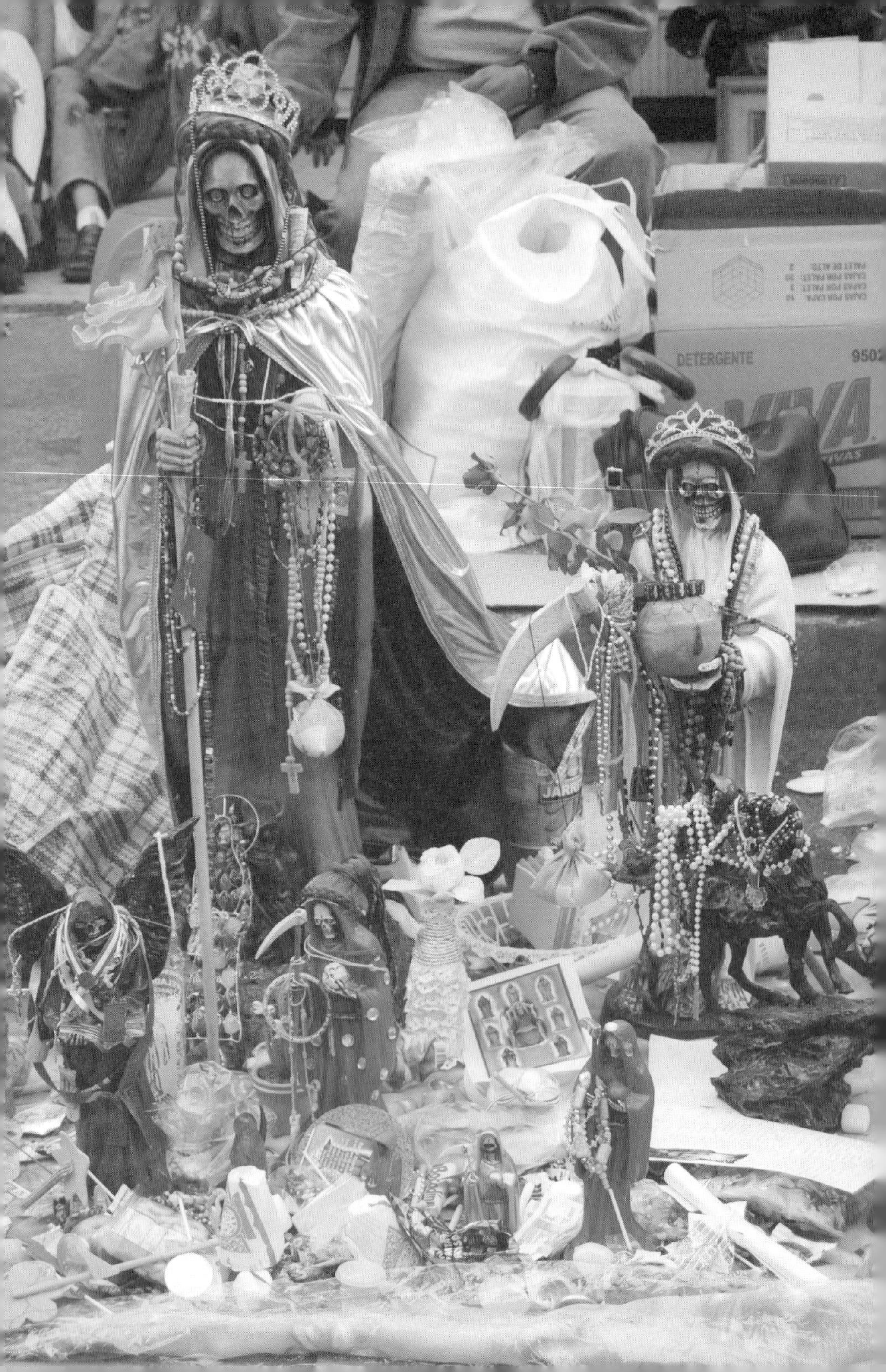
DETERGENTE
9502

2）麻薬聖人との関連

ローカルな義賊から聖人へ　最後に，「麻薬聖人」マルベルデとの関係を解説しておこう。サンタ・ムエルテとマルベルデは図像的には完全に別系統なのだが，信仰のコンセプトにおいて興味深い共振が見られる。

　ヘスース・マルベルデ（1870？-1909）は，19世紀末に登場したメキシコの民衆的英雄であり，いわゆる義賊である。しかしある時期から主として犯罪者，とりわけ麻薬取引に従事する人々の守護聖人となり，その信仰は闇のカルトとして公にはタブー視されるようになった。

　筆者はサンタ・ムエルテの起源を探る取材の途上，奇妙なことに気づいた。ほとんどのインフォーマントが，ほぼ必ずといっていいほど「ちなみにね……」といってマルベルデに関する知識を披露するのである。かれらにとってマルベルデ信仰とサンタ・ムエルテ信仰は何らかの形で結びついているらしい。そこで，マルベルデ伝説を吟味しつつ，両者の結びつきを考察してみよう。

　マルベルデはもともとメキシコ北東部，太平洋に面したシナロア州のローカル・ヒーローである。気候温暖で穏やかな海に恵まれたシナロア州は，現在では観光産業が栄え，マサトランを筆頭とする保養地にはリゾートが建ち並び，ホエール・ウォッチングなどのマリンレジャーで世界中から観光客を集めている。しかし観光開発がなされる20世紀以前は，人口もまばらで，入り組んだ海岸線は海賊たちにとって絶好の隠れ場所となり，密貿易の拠点となっていた。

　州都クリアカン・デ・ロサレスの歴史は古く，16世紀のエルナン・コルテスによるアステカ征服直後に，植民者の太平洋進出や北米遠征の拠点として建設された都市だったのだが，植民地時代を通じて海賊や密貿易者にとっても有用な拠点でありつづけた。やがてシナロアを拠点とする密貿易船の船員たちの間で，航行の無事を司る守護聖人のイコンとして「マルベルデの聖母」なる像が創り出され，崇拝されるようになったという（ただし，残念ながらこの聖母とマルベルデとの関連を確認できる資料はいまのところ見当たらない）。

　メキシコ独立後の19世紀後半になるとシナロア州も様変わりし，鉄道敷設や鉱業発展で活気づくが，潤ったのは資本家や土地・鉱山所有者，企業主だけであり，貧富の格差は植民地時代よりも広がった。ここに登場するのが，開発で肥え太った企業や上流階級の人々を襲い，奪った金品を貧しい者たちに分け与える義賊，ヘスース・マルベルデである。その行状はしばしば，中世イング

▶p.66

訪問レポート 6　テピート：カトリックに抱擁されたサンタ・ムエルテ信仰

　テピートにはロメロ家内の礼拝堂以外にも，一般公開されている礼拝堂が11箇所ほどあるようだが，地区内のどこにどんな礼拝堂があるのかをすべて把握している住民は誰もいないという。ただし，ニコラス・ブラボ通りの中ほどにある礼拝堂はおそらく地区最大規模で，しかも専任の司祭までいるというので評判になっていた。ぜひ行ってみようと思い，友人の写真家ミゲル・スニーガに相談すると，自分は仕事があって行けないが，安全と道案内のために知り合いの弁護士ギエルモ・ファレス氏を同行させようと言ってくれた。

　2008年3月9日の午前中，ファレス氏と，もう1人の同行者ミゲル・プエブリータ氏とともに現地に向かった。建物の外観は普通の住宅とさほど変わりないが，入口脇に透明アクリル板張りの大きなショーケースが設置され，その中には大きなサンタ・ムエルテ像が立っていた。

　入口を入ると細長い中庭（パティオ）が延びており，壁龕（ニッチ）には蝋燭の煤で黒ずんだ小さなサンタ・ムエルテ像が彫られている。遠くからだと，人々を災害や疫病から守るという「黒いキリスト像」のようにも見えた。中庭のつきあたりに事務所兼売店があり，2人の女性が応対していた。さらにその奥に司祭の執務室があり，エルネスト・エルナンデス司祭がミサの準備に追われていた。

　ファレス氏が事務所の女性から聞きだしてくれた話によると，エルナンデス司祭は30歳代後半で，正規のカトリック司祭なのだが，サン

ニコラス・ブラボ通りの礼拝堂

タ・ムエルテ信仰を新しい聖人信仰として認可するよう求める信者たちの活動を支援したためバチカン教皇庁名で長期謹慎処分を受け，メキシコ司教区内でのミサや説教などを禁じられているという。しかし本人は全く意に介することなく，サンタ・ムエルテに救いを求めるテピートの人々のために精力的に活動し，その行動範囲は司教区外のプエブラ市やモレリア市にまで及んでいるそうだ。

　エルナンデス司祭は，サンタ・ムエルテ信仰を，キリスト教という大きな信仰体系の中の一つの新興宗派として認めるべきだと考えているのだった。そんな司祭だから，当然新しい信仰のための家，すなわちサンタ・ムエルテ礼拝堂も必須のものとみなし，そこでのミサや説教を非常に重視している。

　礼拝堂は丸アーチの開口部を持ち，天井はきわめて低く，息詰まるようだ。まるでローマ時代，地下墓所(カタコンベ)で隠れるように信仰を始めた原始キリスト教の世界を眼前に見るようだった。ミサは基本的にカトリックの伝統的なスタイルを踏襲したものだった。唯一の，しかも明らかな違いは，ミサに先立つ司祭の呼びかけである。司祭は集まった信者たちにこう語りかけるのだ。「恥ずかしがったり，遠慮したりする必要はまったくありません。お持ちになった像を主祭壇横にお並べください。ともに神の国の一員として祝福を受けましょう」。司祭の口上が終わるやいなや，人々がいっせいに主祭壇横につめかけ，大小色とりどりのサンタ・ムエルテ像が10体近く並べられた。説教の後には賛美歌なども歌われ，総じて他の「世俗的な」サンタ・ムエルテ礼拝堂の雰囲気とはかなり異質だった。

　テピートは長らく「神に見放された地区」であった。貧困や犯罪にとりまかれた住民たちは，自分たちが恩寵から遠く，あらゆることに発言権を持たないサバルタン（語るべき言葉を発信できない下層の，従属的な立場に置かれた人間の意）だと感じている。テピートは20世紀以降，各地から流入してきた国内移民の漂着場所としてスタートした街であり，それ以前の植民地時代にはほとんど無人地帯だった。そのためカトリック教会ともほぼ無縁で，次第に人口が増えていった第二次世界大戦後も，住民の生活はあいかわらず貧しく，犯罪を恐れる聖職者たちの多くはあえてテピートに入ろうとはしなかった。このいわば魂の救済の空白地帯に降臨したのがサンタ・ムエルテだったわけである。1980年代になると，「解放の神学」のコンセプトのもとにラテンアメリカのカトリック改革をめざす革新的な神父たちが現れ，ようやくテピートの住民のような〈忘れられた人々〉の魂の救済が着手されるようになった。エルナンデス司祭はその第二世代ということになるが，どうやら彼の場合，カトリックの内側にサンタ・ムエルテ信仰を抱きかかえるという厄介な課題に挑んだために，いっそう困難な闘いを強いられているようだ。

礼拝堂の入口脇ではサンタ・ムエルテ像がお出迎え

①壁龕内に彫られた小さなサンタ・ムエルテ像
②エルナンデス司祭によるミサの様子
③④司祭の呼びかけで，信者たちはいっせいに自分の像を祭壇横に並べ始めた

第1章 サンタ・ムエルテのルーツと現在

ランドの伝説的英雄ロビン・フッドにたとえられる。日本語によるマルベルデに関する本格的な先行研究としては、今のところ小林貴徳の論文「義賊から民衆聖者へ——メキシコのマルベルデをめぐる民衆宗教の動態」(小林 [2009]) が唯一と思われる。そこで小林論文も参照しながら、このローカルな山賊が聖人となるに至った経緯をたどってみよう。

マルベルデの本名はヘスース・ファレス・マソ、1870年12月24日シナロア生まれだという。ヘスース (Jesús) とはイエスのスペイン語名であり、生まれた日も同じとされていることから、どこかでキリストのイメージと重合させる操作が行われた可能性もある。まだ幼い頃に、貧農であった彼の両親は餓死してしまった。この悲劇は少年ヘスースの心に、悲しみよりも怒りをかきたてた。その怒りはまず、貧しい農民を搾取しつづける地主に、ついであらゆる富裕者に向けられ、少年は盗賊となった。やがて彼のまわりには、同じように劣悪な境遇に生まれ育ち、生命以外に何も持たない仲間たちが集まり始める。少年たちは集団で富裕者の荷馬車や倉庫を襲い、戦利品を持ち帰っては村の貧民たちにも分け前を配った。

マルベルデの奇蹟譚は、1909年5月3日、官憲に捕らえられ、処刑された直後から始まる。絞首刑を命じた州知事は、この富裕層の敵を憎むあまり、カトリックの作法に基づく埋葬を許さず、処刑後の遺骸は木に吊るされたまま放置された。数日後、1人の商人がラバの背に商品を積んで近辺を通りかかったところ、うかつにもラバに荷ごと逃げられてしまった。探し回るうちに、盗賊の遺骸がぶら下がる木の下にたどり着いた。商人は彼が貧民の味方だったことを思い出し、ものいわぬ遺骸に思わず助けを求めた。すると翌朝になって、ラバも荷も彼のもとに戻ってきた。感謝の念にたえなかった商人は盗賊の遺骸を木から降ろして地面に横たえ、周りに石を積んで塚を作った。州知事の禁じた埋葬ではないというわけだった。爾来、塚を形づくる礫石にはマルベルデの霊力(ウィルトゥス)が宿るとされ、盗賊の墓が、失せ物の探索や旅の安全、畑や海の収穫、病気や怪我の回復など、民衆の日常的な祈願を受けとめる媒介とされていった。しかしこの時点ではまだ盗賊本人が聖人として崇められていたわけではなかった。後述するように、1970年代に入ってその「霊力」への信仰がより普遍化する出来事が起き、聖人信仰への昇華と拡散が起きたのである。

マルベルデの図像　　少なくとも1950年代後半までは、マルベルデの図像は存

左：メキシカン・シネマの黄金時代を代表する俳優・歌手，ペドロ・インファンテ／
右：ラテン系伊達男のイメージが凝縮したマルベルデ像

在しなかったようだ。短い生涯とはいえ39年生きたのに，生前の写真も残っていないし，死の直後から英雄視されたにもかかわらず同時代の肖像画や彫像のたぐいも見つかっていない。現在巷に流布しているイコンは，同じくシナロア州生まれで，メキシコ随一の二枚目俳優で歌手でもあったペドロ・インファンテ（1917-57）をモデルに創作されたものだという説が有力である。図像は，やや面長の顔にオールバックの黒髪，広い額，極太の眉毛につぶらな黒い瞳，人中を開けた厚い口ひげ，白人系の肌と，いわゆる典型的なラテン系白人美男子の相貌である。いかにも清潔そうな軍服風の白シャツと首に巻いたバンダナ（色は赤や黒が多い）もトレードマークだ。つば広の帽子をかぶっている場合もあるが，メキシコの農夫や牛追い人（カウボーイ）のかぶるいわゆるソンブ

2006年発表のMalverdeのCD『La Leyenda Continua』のジャケット

第1章　サンタ・ムエルテのルーツと現在

マルベルデのお守りを
胸に提げたサンタ・ム
エルテ像

レロではなく、ステットソン・ハットである。総じて、インファンテのイメージそのままに、禁欲的だが身なりに気を使う粋な伊達男、という雰囲気をかもしだしている。

　現在も州都クリアカン市の鉄道駅近くにはマルベルデ礼拝堂があり（訪問レポート7）、メキシコ国内はもちろんアメリカ合州国からも巡礼者が訪れている。その祭壇にはマルベルデ像がいくつも安置されている。願い事を書いた手紙やカードに写真を添えて供える人が圧倒的に多い。信者たちは、後日、何らかの奇蹟が起きたり願い事が叶えば、ふたたび供物を持って礼拝堂へ返礼に来る。

　また、ごく最近になってマルベルデ伝説はふたたび大衆的な関心を集めつつある。この義賊の名を冠したヒップ・ホッパーが2006年以降あいついでCDを発表したり、マルベルデ伝説を現代の麻薬マフィアの物語に置き換えた映画が劇場公開されたりしているのである。

「麻薬聖人」と「骸骨の聖母」の接近　　一見すれば明らかなように、マルベルデとサンタ・ムエルテの図像にはまったく類似点・共通項がない。しかし1970年代以降になると、その社会的機能が奇妙な形で重なり合っていく。

　マルベルデもまたカトリック教会から聖人として公認されてはいないが、世間では広く「麻薬（業者の）聖人 El Santo de los Narcos」とみなされている。この盗賊は違法な麻薬取引に従事する人々にとって、神（教会）に見放された

罪深い自分らを庇護してくれる唯一の聖人なのである。ただ，もとはシナロアのローカルな義賊が，どういう経緯で全国の麻薬業者の聖人となったのか，起源の詳細は不明である。しかし少なくとも信仰の拡散過程は推測しうる。1970年代にメキシコとアメリカ合州国が合同で臨んだ大規模な麻薬撲滅作戦の結果，各地の根城を追われた麻薬業者たちが拠点を移す過程で全国に広めたものと考えられるのである。

　やがて1990年代後半，もともと犯罪組織の巣窟であったテピートなど大都市の暗部に新興麻薬マフィアが入り込む傾向が強まるにつれ，サンタ・ムエルテ信仰との結びつきが生まれてくるが，いまのところ両者は同化や習合といったプロセスをたどっていないようだ。「先住者」のサンタ・ムエルテ像の横に，「新参者」のマルベルデ像がそっと置かれるという形で「併置／並置」が始まり，やがて両者の機能（＝御利益）が融合することで「共存」が確立していった。実際，最近になって，サンタ・ムエルテとマルベルデのイコンが併置／並置される事例はしばしば見られるようになっている。ついには，麻薬聖人のおかげでサンタ・ムエルテ信仰までもが非信者から「犯罪組織の信奉する怪しいカルト」とみなされる，といった事態も起きているようだ。

　テピートやソノーラに限らず，メキシコの都市部貧困地区における麻薬の問題はきわめて深刻である。それが貧しい人々にとって重要な現金収入の手段でもあることが，問題の解決をいちじるしく困難にしている。しかも麻薬密輸はもはや犯罪組織の「事業」であることを超え，人々の日常生活や文化の深層に深く食い込みつつあるようだ。メキシコ北部のソノーラ州周辺では近年，麻薬密輸業者を英雄として称える歌詞を特徴とする「ナルコ・コリドス Narco Corridos」と呼ばれる新しい音楽のジャンルが生まれている。もとは麻薬業者たちがごく内輪の集まりで奏でていた音楽だったのが，やがて一帯に広がり，（ある程度歌詞が「消毒」された形ではあるが）音楽ビジネスにすらなり，幅広く聴衆を獲得し始めているのである。2011年5月には「ナルコ・コリドス禁止法案」が州議会で可決されるなど，政府もその「火消し」に躍起だが，はたして反発のエネルギーに裏打ちされた民衆の歌，ひいては民衆の英雄待望を封じることができるかどうか。

訪問レポート 7　マルベルデの総本山クリアカンに「骸骨の聖母」はいなかった

　シナロアの州都クリアカンは首都メキシコ市からかなり遠い。国内第二の都市グアダラハラから，まず太平洋岸の保養地マサトランへ向かい，そこから海岸線に沿って約2時間北上すると，ようやくクリアカンに到着する。交通の便の悪さに加え，近年国内で最も犯罪発生率の高い都市の一つとされている。しかし実際に訪れてみると，表向きは街に暗いイメージはなく，中心街は幅広の道路が整備され，街灯も十分あり，電気などのインフラ事情も悪くはない。街道には銀行や五つ星ホテルの堅固そうな建物が麗々しく建ち並び，ファストフード店なども多い。人口や産業構成，経済力などの統計と照らし合わせると，街の風情は豪華すぎるほどである。そこには活発な裏経済の存在がうかがわれる。リゾートのあるところマフィアあり，である。そのうえ，聖人を慕って義賊の故郷に全国の麻薬業者が集まるようになってしまったわけだ。

　鉄道のクリアカン駅のほど近くに，「麻薬聖人」ヘスース・マルベルデの礼拝堂がある。両切妻型のトタン屋根，壁面はアクリル板で覆った上に白塗りの鉄格子をかぶせてある。このチープさとキッチュさ……屋根に十字架が立てられていなければ，遠くからでは倉庫か温室にしか見えないだろう。

　中へ入ると礼拝コーナーとグッズショップ，奉納用の花屋が並んでいる。内部は壁面のアクリル板を通して入ってくる陽光のせいで明るいが，空調設備はなく，ひどく暑い。出入口の扉は透明ガラス入りのサッシになっており，道行く人が内部の様子を見られるようになっている。「犯罪組織の聖人」という後ろ暗いイメージを払拭しようと，オープンさをアピールしているのだろうか。建物の中央に設置された横長の主祭壇はガラス戸付きで（まるで戸棚かショーケースだ），中心に定型通りのマルベルデの彫像が据えられている。向かってその左側には，スペイン語圏で広く親しまれて

左：クリアカン駅近くのマルベルデ礼拝堂／右：主祭壇には花に囲まれたマルベルデの彫像が

いる「アトーチャの御子イエス」(13世紀, イスラム支配下のスペインの町アトーチャで, 虐げられていたキリスト教徒たちが救われたという奇蹟に基づく) の像があった。御子は, 平和のシンボルとされる鳩と, 永遠の生命のシンボルとされるハチドリの刺繍がほどこされたマントを着用していた。

　どこかにサンタ・ムエルテの図像（との関連をうかがわせるもの）が併置／並置されていないかと, 祭壇の奥まで覗き込んでみたが, ない。祭壇は信者たちが奉献したさまざまなエスボト（奉献画, 写真, プレート, 手紙など）のたぐいで天井まで隙間なく埋め尽くされており, 1時間以上かけて一つひとつチェックしたが,「骸骨の聖母」のよすがは皆無であった。マルベルデと「アトーチャの御子イエス」以外で置かれている聖像は,「グァダルーペの聖母」のみであった。「プロローグ」でもふれたが, これはメキシコで最も敬愛されている聖母で, カトリック教会公認のイコンでもあり（詳しくは 訪問レポート❽）, いってみればメキシコ中どこにでもいるわけで, 驚くにはあたらない。ともあれ, マルベルデ信仰の総本山にはサンタ・ムエルテはいなかった。本文で述べたように, サンタ・ムエルテが「先住者」で, その横にマルベルデが「新参者」として入ってくる, というケースは増えているが, 逆はまだ見られないのかもしれない。

アトーチャの御子イエス像

祭壇左脇には「グァダルーペの聖母」像があった

第1章　サンタ・ムエルテのルーツと現在

第2章　サンタ・ムエルテの図像学

　前章ではサンタ・ムエルテのルーツと現在の普及の状況を概観したが，ここからは現代の信者たちが実際に使っている各種の信仰アイテムを詳しく見ていくことにしよう。本章ではまず，最も重要な役割を担う骸骨聖母像（立体・平面）の表象の図像学的な意味を探る。

　サンタ・ムエルテ像は信仰のイコンであり，したがってその図像表象にはすべて意味がある。その体系は，サンタ・ムエルテが「骸骨の聖母像」として偶像化されるプロセスを通じて構築されていった。以下では図像的な特徴のうち，まずはポーズと大きさを確認する。次に，信者たちの間でもきわめて重視されている要素として「色」と「属徴」を見ていこう。

❀ サンタ・ムエルテ像のポーズと大きさ

　立体像で圧倒的に多いのは立像だが，「属徴」のところで後述するように地球儀の上に坐ったタイプもしばしば見かける。また，「ラ・ニーニャ・ブランカ（純白無垢の聖母）」ないし「ラ・ピアドサ（慈悲深い聖母）」と呼ばれているものは，サンタ・ムエルテがひざまずき，骸骨の両手を胸の前で合わせている跪拝型である。数は少ないものの，このポーズで背中から天使のような翼（ただし色は黒）を生やしているものもある。このタイプは非常に新しく，21世紀になってから出現したものらしい。同じく新しいポーズとして，キリスト教のピエタ（原義は「慈悲」。「十字架から降ろされたイエスの遺骸を抱く聖母マリア」の形で描かれた聖母子像）に類似した複雑な構造の像も出現している。サンタ・ムエルテが，同じく骸骨姿の子（骸骨版イエス？）を膝の上に抱きかかえている型である。ただ，まだ普遍性を獲得するまでには至っていないようだ。ほかに，ややめずらしいところでは（より現代的な表象ともいえるが），サンタ・ムエルテがバイクにまたがって疾走しているフィギュア風の像もあった。

①翼を生やした像
②ピエタ・スタイルの像
③両手を天に向けて広げた像
④オートバイにまたがったヘルズ・エンジェルス風の像
⑤ミニチュア像。ジッポ・ライターと変わらない大きさ

立像の場合，片手には大鎌をかざし，もう一方の手に別の属徴を持ってこちらに突きつけるように差し出しているポーズのものが多いが，ほかにも両手で一つの属徴を支え持っているもの，両手を高くかざしているものなどがあり，実に多様である。

サイズも同様に，高さ5センチにも満たないミニチュア像から等身大のものまでさまざまである。信者はそれぞれ自分の祭壇のサイズに合わせて，適切な大きさの像を選ぶ（▶4章）。

❀ サンタ・ムエルテ像の彩色

前章でもふれたように，メキシコ市のソノーラ市場の一角には，通称「サンタ・ムエルテ・グッズ・ゾーン」と呼ばれるエリアがあり，ありとあらゆる関連商品が陳列されている。既製品のほか，像の職人や自分で作りたい人向けに素材（木彫用の木材，彩色用の顔料，筆など）を置いている店もあるが，品数はあまり多くない。ハンドメイドで作りたい人は，エリア内にいくつかある「サンタ・ムエルテ像画材の専門店」へ行くようだ。

サンタ・ムエルテ像は立体・平面ともに無彩色であることはまずなく，必ず色がつけられる。たいがいの専門店は，願い事や効用に応じて選ばれる「基本の7色」（白，赤，青，黄，緑，黒，紫）に，アイボリー，金，琥珀，こげ茶を加えた計11色の素材を用意している。もちろん，色というものは感覚的なものだし，人によって好みもあるので，同じ「赤」でも店によってかなり違ったり，一つの店が同色のバリエーションを数種類揃えている場合もある。

11色の彩色用顔料の原料は，鉱物や植物など自然素材に限定されている（▶3章）。色の定着材も同じく自然ものに限られ，動物性ゼラチン，デンプン，ゴムなどから作られた糊が使われる。絵筆ももちろん動物の毛を使ったもののみ。アクリル絵具や油絵具を置いている店はなかった。

信者は願い事によって適切な色の像を選び（あるいは製作し），儀式の方法を確定する。「骸骨の聖母」は，色によって自分が何を請われているかを知り，発揮す

像を彩色するための顔料

べき「能力」を選択するとされているのである．信者のなかには，必要に応じてすぐ各種の儀式ができるよう異なる色の像や衣装を用意しておき，「ご本尊」を適宜入れ替えたり，着せ替えたりする人も多い（▶4章）．

　また，像を製作するさい，後述する理由で混色は忌避されるが，一つの像を複数の色で塗り分けることは許される．以下では，まずは11色それぞれの機能や意味を確認してゆこう．なお，像には骸骨そのものを着彩しているものと衣装で色を表現しているものがあるが，色の機能や象徴性に変わりはない．

サンタ・ムエルテ像に使われる11の色

白　最も一般的で汎用性に富む色である．像本体だけでなく衣服や装飾品にも広く使われる．なお，像本体の骨部分によく使われるのはこの白と後述のアイボリーで，金も比較的よく見かける．平面図像の場合は骨の部分をこげ茶で塗ることもあるが，「骨らしくない」色は一般に使われない．

　白は，家庭，仕事場，店舗，乗り物など，信者たちが日常生活を送る場に漂う「負のエネルギー」や「悪霊」を吸収したり追い払ったりし，生活環境を純化させ快適にする機能を持つとされる．また，光の波長の次元で考えれば白はすべての色の起源であり，そこからサンタ・ムエルテという至高の存在そのものを体現する色ということになる．顕現譚の多くはサンタ・ムエルテが凍てつくような冷たい白色の光（絶対零度のイメージか）をともなって出現したと語っており，白の「至高」のイメージが強固に現れている．

　この白と後に述べるアイボリーは，人間を含む脊椎動物の身体の最終的な表象である骸骨のシンボルカラーでもある．したがって生と死のサイクルそのものを形而上学的に表す色ともみなされる．

赤　色調や彩度の範囲はかなり広く，黒がかった血の色からかなりどぎついショッキングピンクまでを含む．一般に情熱や愛，親密な間柄といったコンセプトと結びつけられている．夫婦，恋人，親子，親戚など家族・身内間の愛情問題を解決したり，恋愛や結婚の縁を結んだりするとされている．あるいは職場での理想的な上司や同僚，部下との出会い，よきビジネスパートナーとの出会いを支援する．赤といえば，メキシコに遺る先スペイン時代の先住民のお守りやフェティッシュ・オブジェには，魔よけの意味で赤い顔料が塗られたもの

が多くあるが，この伝統を継承しているかどうかは定かではない。

青 赤と同じく，色調や彩度の範囲が広く，かなり明るい空色から濃い群青色までを含む。主にビジネスの支援を祈願するための色である。給与生活者なら上司や同僚，部下との人間関係の悩みを解決してもらったり，自営業や医師・弁護士などの専門職なら顧客や患者とのトラブルを解消してくれる機能を持つ。大空や大海原からイメージされる壮大な包容力で，人間関係を円滑にする色といえる。

緑 公正さを維持し，正義をもたらす色とされている。個人間の係争から紛争にいたるまで，法による正義の裁きや適切な妥協点の模索が求められる場面，あるいは暴力がらみの事件に巻き込まれて「法の外」での解決を要する時など，何らかの諍いやトラブルに直面した人が正当な解決を求めて使用する。信者の間では，法廷や喧嘩の場に緑の像を持って行けば御利益がある（＝勝てる）とされているが，ことは信仰の問題であり，現代の司法がそれを真に受けるとは考えにくい。実際に裁判沙汰を起こしたある信者が，法廷に緑色のサンタ・ムエルテ像を持ち込もうとしたところ，警備員に制止され，像は「不審物」として押収されたという事例も報告されている。

黄 これも色調や彩度の範囲が広く，クリーム色からオレンジがかった山吹色までを含む。日常の些細な問題を解決するためのちょっとしたヒントに気づかせてくれたり，「ひらめき」の扉を開けてくれる，といった機能を持つ。また明度の高い薄い黄色は，「火」の要素として儀式などで多用される蠟燭の灯（▶3章）のイメージに重ね合わせて，エネルギーの象徴とみなされる。

紫 病気や身内の死などの不幸にみまわれた，就職がうまくいかなかった，恋愛が破綻した，投機に失敗して貧窮状態に陥った，など，人生のさまざまな夢に破れた時の救済を祈る色である。不幸のどん底でうちひしがれている者を物質的・精神的に再起・再生させる機能を持つ。

黒 最も強力なパワーを持つ守護色である。不運や悪霊など，外部から訪れるあらゆる負のエネルギーを阻止してくれる。二元論的な善悪のパラダイムを超えた超越神の叡智を示す色である。その霊力は巨大で恐ろしく，商売敵や政敵の死といった理不尽で非道な願い事をしても，サンタ・ムエルテが妥当と判断すれば，願いが叶ってしまうこともある。ただ，成就か失敗かを問わず，黒のパワーのあまりの強さゆえに，それが祈願者本人に呪いとして返ってきてし

まうこともあるとされる。
　主としてこの黒のパワーへの崇拝が，非信者からサタニズムや黒魔術の烙印を押される理由となっている。しかし信者にとってみればまったく逆で，「黒」こそが，サタンの謀略を挫き，黒魔術の邪悪な呪いから人間を解放し，あらゆる敵を撃退する色なのである。

アイボリー　　墓の下，地中深くに眠る人骨の色がイメージされている。「骨」を表す文脈においては，一般的に前述の「白」と区別することなく使われる場合も多い。信者の魂に安寧と平和をもたらす色とされる。ビジネスの世界では，悪運を寄せつけない保護の機能，より積極的には，交渉や投機の成功を導く機能があると考えられている。

金　　文字どおり金運を呼び込み，経済的成功を支援する機能を担う。また，個人の経済的成功だけでなく，都市開発計画などの大型プロジェクトの推進や店舗の新規開店などの際に，事業の成功を祈って使われることも多い。

琥珀　　主に病や怪我の治癒を祈る際に使われる色で，オプション的な位置づけである。事故や病気で入院中の患者が早期退院を願う際に使われたり，麻薬をはじめとする薬物やアルコールへの依存症など長期の治療を必要とする人が治癒への支援を祈願する際に使う。また，腰痛や生理不順など，より日常的な不調を癒す機能も持つとされる。

こげ茶　　肥沃で湿った土のイメージを表す。快適で安定した日常生活を送るうえで障害となるような負の要素を身辺から遠ざける機能をもつ。何が生活を阻害する要素であるかは個人差が大きいので，この色に限っては既製品（こげ茶色の像）を購入するのではなく，祈禱の文言を唱えながら自分で塗布することが推奨されている。

　以上，サンタ・ムエルテ像に使われる基本の7色とオプション4色の機能を整理してみた。これ以外の色は，像には決して使われない。たとえば「銀色のサンタ・ムエルテ像」は，あっても不思議ではないが製作されない。ただし，像の足元に捧げられる供物や各種のオブジェ，あるいは像と信者が身につけるアクセサリー（ブローチ，ペンダント，鎖，メダル，コイン，ピアス，腕輪）などは，その多くが銀製ないし銀メッキ加工された金属製である。銀色は像本体とは別の次元でコード化されており，「本尊の周辺諸物には積極的に使って

よい色」とされているようだ。

　実際，筆者も現地取材において，祭壇で上記の11色と銀以外の色が使われているのを見たことはない。色のコードはかなり厳格である。しかし，個人が独自の発想や好みに基づいて，コードから逸脱し，像を好きな色に塗ったとしても，別に罰せられたり信者の資格を剥奪されたりするわけではない。ただ，すでに確立されている色の体系の堅固さから推測するに，新しい色の機能や役割が信仰のコミュニティにおいてコード化されない限り，「サンタ・ムエルテはそんな色は無視なさる」といわれることになるだろう。それでも，現在の11色が必ずしも完成した体系とみなされているわけではない。コードを逸脱した色によって何らかの奇蹟が起きたり，それまでになかったメリットがもたらされたりし，それが信者の間で「実績」として認知されれば，色のリストが増える可能性はある。

　テピート地区での調査では，いまのところ色に関する信者のオリジナリティは発揮されていないようであった。図像の新たな色を開拓するよりも，衣装やアクセサリーのデザインに趣向を凝らすことによって霊験を増幅させようとする人が圧倒的に多い。美術的な創造性よりも，リカちゃんやフィギュアの趣味に通じる「着せ替え」の楽しさのほうが優位にあるのだろう。

　なお，像に関して混色はタブーとされている。色彩学上も経験上も，色を混ぜると明度や彩度が下がることは広く知られていよう。サンタ・ムエルテ信仰においても，混色によって11色それぞれの霊験や機能が低下すると信じられているのである。混ぜれば霊験が増幅するのでは，というのは浅知恵であり，かえって純色の効力が殺がれてしまうとみなされる。

　しかしながら，一つの図像に複数の色を併置する方法は，相乗効果によるパワーアップが期待できるとして認められている。複数の霊験を望んで多くの色を使いたい時は，混ぜずに並べればよいわけだ。マルチカラーのボーダーが好例で，5色や7色などのカラフルな縞の衣装をしばしば見かける。

　骨格に衣装を着せる場合も，ストライプやボーダー柄は人気が高い。メキシコの国旗と同じ赤・白・緑の組み合わせがポピュラーである。ただし，衣装を作る際，縦糸と横糸に別の色の糸が使われている布は混色とみなされ，忌避される。1色の糸で織られた布を後から縞々に染めたものや，布の地色と異なる色（11色以外の色でもかまわない）の刺繍やアップリケを付けるのは許され

▶p.85

衣装のアップリケや彩色羽毛で多色混在となった像

レースのドレスをまとわせる

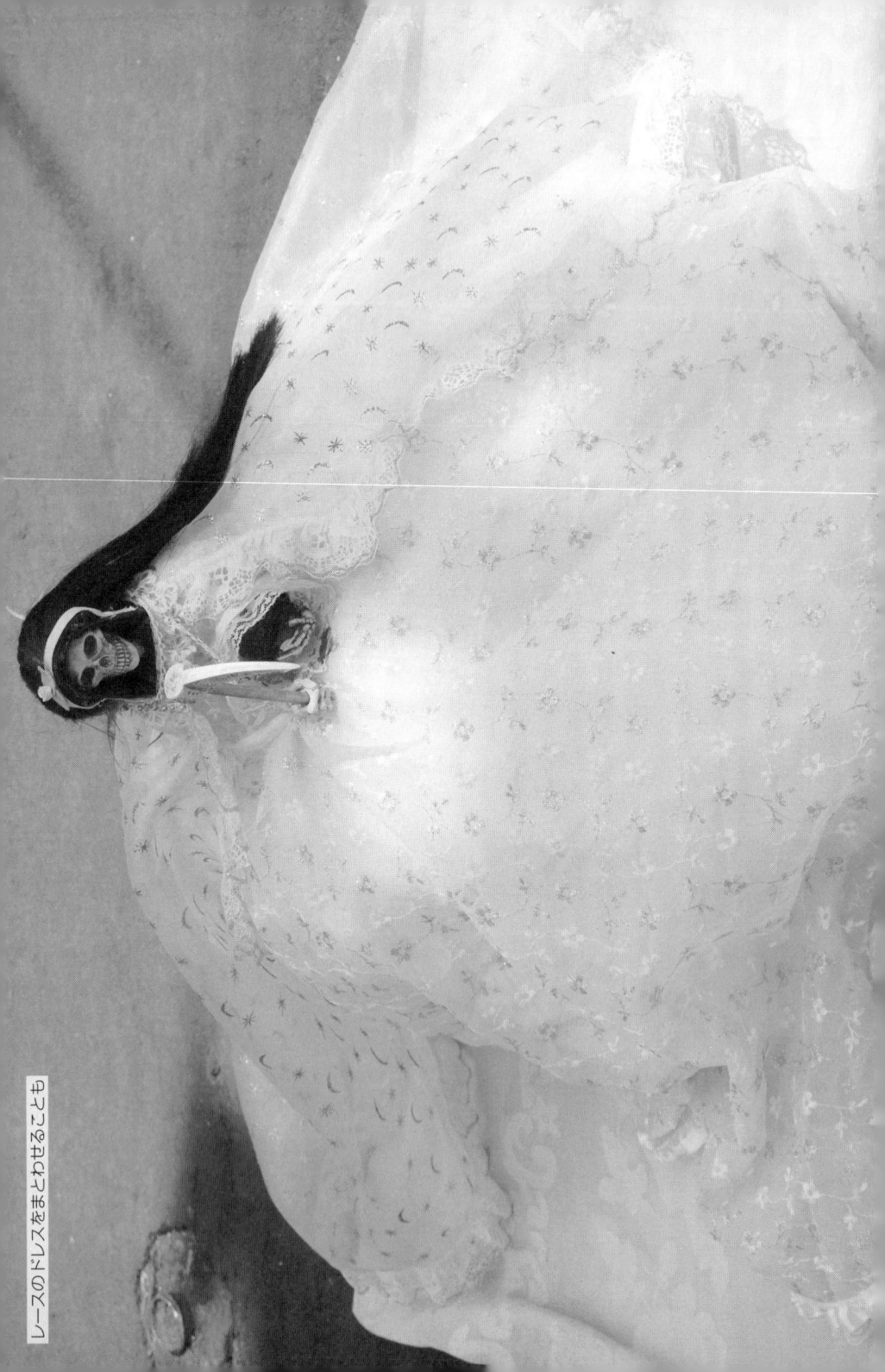

サンタ・ムエルテ像の「色」は信仰において最も重視される要素だ。「基本の11色」ごとにご利益・効能が異なり、信者たちは自分の願い事に応じて像の色を選ぶ。

①白いチュニックをまとった像
②アイボリー1色の像
③琥珀色を基調とした像
④こげ茶を基調とした平面図像
⑤派手な赤の衣装をまとった像
⑥金色に輝く像

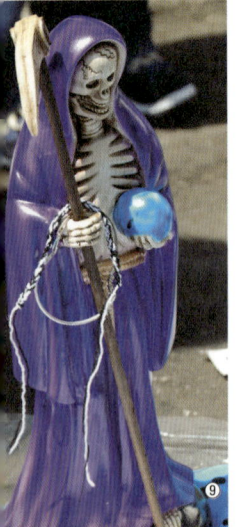

⑦⑧黒を基調とする像
⑨鮮やかなパープルのチュニックをまとった像
⑩青の衣装の像

⑪マルチカラーボーダーの衣装をまとった像
⑫グリーン系でまとめられた像
⑬黄色でコーディネイトされた像

⑭メキシコの国旗（左下）の配色による衣装
⑮シルバーのペンダント・ヘッド

左：レースのヴェールにティアラをかぶせた花嫁姿のサンタ・ムエルテ像（ソノリータ市場，パチューカ市）／中央・下：サンタ・ムエルテ像の入った布製ペンダントとミサンガ。像と糸の色，布の織り方・編み方で効能が異なり，数種類を身につけることもある。犯罪多発地域や礼拝所周辺では身分証代わりに服の外に出すことが多いが，ふだんの生活では危険分子扱いされないよう服の内側に隠して身につける

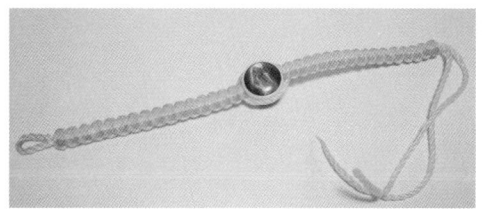

る。また，色のコンセプトさえ明確ならば，メッシュやレース，オーガンジーなどシースルーの布も使用できる。

サンタ・ムエルテ像の属徴

　サンタ・ムエルテ像は偶像化のプロセスで，信者がその神性や霊験を明確に把握できるよう，いくつかの属徴（attribute）を持つようになった。代表的なものとして長柄の大鎌，地球儀，砂時計，天秤，フクロウ，ランプ（光），蛇などが挙げられる。これらすべてを属徴として備えている必要はなく，また組み合わせも多様だ。以下，それぞれの意味について確認していこう。

長柄の大鎌　サンタ・ムエルテ像に対して非信者が恐怖感を抱く理由の一つが，この大鎌にあるとされる。しかし農村出身者にとっては見慣れた農具であり，これを恐れるのは農業とは縁遠い都会出身者だけかもしれない。

　それはともかく，信者は当然，この大鎌に農具以上の意味を読みとっている。それは「悪＝負のエネルギー」を刈りとる「正義＝正のエネルギー」の象徴であり，不運や病気などが発散する負のパワーから自由になるための武器である。

　生きとし生けるものはすべて必ず死を迎え，形あるものはすべて消滅する。

▶p.90

> 大鎌が光り輝き，背後には若々しい身体をもつサンタ・ムエルテの仮の姿が出現している

①地球儀を手に持っているタイプ／②地球儀に足を乗せているタイプ／③砂時計を手に持つ像／④より新しい時間の属徴としてアナログ時計を提げた像／⑤天秤を手にした像／⑥使者のフクロウを伴った像／⑦右手に天秤，左手に地球儀，背後には後光が／⑧勝ち誇るように蛇を掲げる像／⑨テオティワカン遺跡のケツァルコアトルの彫像

第2章　サンタ・ムエルテの図像学

ランタンをかざす像

若い信者がCGで制作した図像を見せてくれた

サンタ・ムエルテは大鎌をもって生死を司る存在であり，死に抗えない人間はその力にすがる。大鎌は生を刈りとる恐ろしい力も持つが，サンタ・ムエルテ信仰ではそれ以上に，信者の信心と願い事の妥当性次第では死や負のパワーを制御してくれるものとして表象される。たとえば，信者の麻薬密売人が，商売を邪魔する麻薬取締官の排除を望んだとしよう。もし彼の願望が妥当なもので，取締官が「悪」だと判断されれば，サンタ・ムエルテは大鎌に象徴される力で取締官を転勤させたり，病気や事故に遭わせて死をもたらすことすらある。非信者からすれば常軌を逸した黒魔術に映るが，信者の間では，このような場合にサンタ・ムエルテが下す判断は，人間世界の善悪の基準も法も超越した次元にあるとみなされているのである。蛇足を承知でつけくわえるなら，このような「排除」の祈願が必ず成就するかといえば，もちろんそんなことはない。祈願者が正しい手順で願い事をしたにもかかわらずサンタ・ムエルテが大鎌をふるわなかった場合は，その願いが不当なものだったのだとみなされる。

地球儀　　小さな地球儀を手に持っているタイプと，大きめの地球儀に坐っている，あるいは足を乗せているタイプがある。いずれも，サンタ・ムエルテの力の遍在性と，サンタ・ムエルテが全人類の共有神であるというコンセプトを表象している。

あるいは，地球儀は物質世界の象徴であり，サンタ・ムエルテがその世界の支配者であることを表すとか，物質世界をコントロールする精神（スピリチュアルなもの）の勝利を示しているともいわれる。また，あらゆる生物は土や海に還ることから，地球儀は生命体の墓場ないし墓碑を示しており，それがサンタ・ムエルテの掌中にあることの表現だ，という解釈もある。

より形而上学的な解釈もある。地球は自転と公転という「変化」を常態としており，その動きに対応して物質世界も精神世界も刻々と変化する。人間の生と死もまたこの全地球規模の変化の一環であり，その大枠を変更することはできないが，信仰の力で変化のプロセスに一定程度関与することはできる。人間が変化のプロセスに関与するための媒介となってくれるのがサンタ・ムエルテであり，地球儀はその象徴である，という解釈だ。

そもそも，宇宙の発生や変化を「時間」の概念で理解しようとするのは，われわれ新人（ホモ・サピエンス）特有の発想である。それこそがネアンデルタール人などに代表される旧人との最大の違いかもしれない。そして，すべての

現生人類が時間の存在を普遍的に受け容れているように見えながら，実はその捉え方は一様ではない。時間が過去から現在，そして未来へと一直線に，一定の速度で進むという発想（クロノス的時間）は，人類の起源から世界中で普遍的だったわけではなく，広く伝播したのはユダヤ教・キリスト教の普及以降と考えられる。以後，西欧世界ではこのリニアな時間観が支配的となっていった。

　一方，メキシコではやや様相が異なる。メキシコの人々は，時間は「溜まるもの」という捉え方をしているように思える。宇宙から時間が水滴のように地球にポツリポツリと落ちてきて，大地や海がそれを受け止める，という考え方だ。つまり地球は時間の巨大な容器ということになる。人間はその時間のプールの中を，さまざまな方向に向かってそれぞれの速度で泳いでいるわけだ。西欧的なリニアな時間の捉え方とは異なり，速度も方向もまちまちで，時に溜まったり逆流したりする，人間の内的な時間の感覚（カイロス的時間）を重視した時間観といえる。この時間観からすれば，時間の容器＝地球儀を手に持っている，あるいはその上に坐っているサンタ・ムエルテは，時間のあらゆる呪縛や制約の外にあり，それを支配する存在ということになる。

砂時計　　密封された容器の中で砂を移動させる砂時計は，まさしく「時間の容器」であるが，その操作を永遠に繰り返すことができる装置であることから，永遠回帰の概念を暗示している。つまり砂時計は，時間の「溜まり方」をコントロールし，永遠回帰を司るサンタ・ムエルテの力を象徴しているといえる。

　西欧的なリニアな時間観では，時間は不可逆的で，「最後の審判」という「終わり」がある。しかしメキシコ的な時間観では，時間は容器に追加されたり減ったりするだけで，「終わり」はない。このことから，いかに不運続きの人生でも辛抱していればいずれ良いことがめぐってくる，という人生訓が出てくる。砂時計はこうした時間の可逆性を表すもので，リニアに進む時間に対するオルタナティヴの表象ともされている。そこから，いまは黒魔術扱いされているサンタ・ムエルテ信仰も，いつか必ずすべての人類にとっての至高の神性となるであろう，という予言的要素を砂時計に読みとる人々もいるようだ。ちなみに，メキシコでは富裕者と貧困者，上流階級と下層階級，世俗と神聖といった既存の社会的・宗教的区分も決して固定的・永続的なものではなく，いつか逆転する可能性があると考えられている。

　ただ，リニアに進行する時間にせよ「溜まる」時間にせよ，現代では時を計

るのに砂時計を用いる人はほとんどいない。最近ではより端的に「時の支配」を表すことができ、また「9」などの聖なる数字（▶ p.130）を直接示すことができるアナログ時計を持たせるデザインも出現している。現代人の習慣や心性を反映した現実的な表象が付け加えられているケースである。

天秤　天秤は洋の東西を問わず、商業の発展してきた地域ではしばしばアレゴリーに使われてきた。公平性の象徴としての意味が一般的である。キリスト教的図像解釈では、最後の審判の前に神がその人間の罪の深さを測り、救済に値するか否かを判断する（天国と地獄のどちらに送るか仕分ける）ための道具で、処罰や祝福の象徴とされている。しかしサンタ・ムエルテ信仰における天秤には、こうした罪・罰・恩寵・救済を旨とするキリスト教的思弁よりも深い意味がある。

　サンタ・ムエルテ像の持つ天秤も、公平、平等、公正の理念を表すが、人間社会のさまざまな取引における公平さだけでなく、より深い意味として「生と死の公平性」をも含意している。つまり、生と死は同等な価値を有していることや、人間を含む生きものにはすべてわけへだてなく生と死のサイクルが訪れることを意味する徴ともされているのである。また、サンタ・ムエルテは生と死のバランスを司る存在であるから、像の持つ天秤は左右いずれかに傾くことなく、常に均衡のとれた状態で表現される。

フクロウ　「鳥目」という言葉があるように、従来、鳥類は暗闇でものを見ることができないと考えられていた（現在では、ニワトリなどを除いて鳥類の多くは暗闇でもある程度視力を発揮することが知られている）。したがって夜行性のフクロウはいわば「驚異の鳥」であった。そこから、超越的な眼力や未来を予測する能力、さらに簡単には獲得できない本物の知識や叡智を象徴する動物とされてきた。ローマ神話の知恵の女神ミネルヴァの同行者として絵画などに描かれているのを見たことがある人も多いだろう。フクロウはサンタ・ムエルテ信仰においても重要な役割を担うメッセンジャーで、信者に聖母からの知らせやメッセージをすばやく届けてくれる。多くの信者が、まるで寝る前に携帯電話かパソコンのメールチェックをするように、フクロウからのメッセージが届いていないかどうかを確認する。就寝前に精神を集中して像に向かうと、何かメッセージがある場合は足元のフクロウが、蠟燭の炎を揺らす風やコップの水の変化を通じて「お告げ」を下してくれるという。

図像としては，像の腕にフクロウがとまっているものは少数で，足元に侍らせてあるものが多いようだ。また，フクロウを伴わせる場合には，その羽根の色はサンタ・ムエルテの色と揃えるのがよいとされている（ただし実際には，フクロウが本尊に比べて小さく，視覚効果上ワンポイント的に扱われているためか，この規範はあまり守られてはおらず，本尊がアイボリーでフクロウが金色，などのパターンがよく見られる）。

ランプ（光）　ランプ（の光）は一般に，悪から善へ，不幸な境遇から幸せな境遇への転位の際の道標を象徴する。暗い夜でも正しい道を指し示してくれるランプを高々とかざし，人間を導くサンタ・ムエルテ像は，力強さや頼もしさに溢れている。最近ではアウトドア用品やレトロ趣味のインテリアなどでしか見かけなくなった，昔風のランタンを使ったデザインが多い。砂時計は現代的にアナログ時計に代替されることもあるが，「道標」や「力強さ」を表現するのに，さすがに懐中電灯では役不足ということなのだろう。

　また，平面図像に限られる表現として，像の後ろに後光やオーロラを描く例は多い。この場合の「光」は，サンタ・ムエルテの聖性が可視化された表現，あるいは人間にもたらされる奇蹟の予兆として説明される。

　キリスト教の伝統的な図像表現では，神や聖霊（鳩の姿をとる），聖母子，天使，聖人などを描く際に，それらが超越的で聖なる存在であることを視覚化するため，金箔などを使って後光や光輪を描くケースが多かった。教会のステンドグラスなども，光を操作することで聖性を表現するものといえる。仏教図像の後光や光輪も同様の表現と考えられる。しかし，近世以降世界的に進行した大宗教の世俗化の流れのなかで，こうした表現は廃れてゆき，痕跡を残しているとしても一定の記号化・デザイン化を遂げている。宗教は常にスペクタクルの要素を持つが，そのなかで「光」の表現は時代を経るにつれ形式化していったのである（イスラム教ではそもそも幾何学的・非偶像的装飾しか許されなかった）。その点，「光」の具体的なイメージを用いるサンタ・ムエルテ信仰では，聖性を示す光のスペクタクルが表現として復活しているといえる。

　また，いずれの大宗教でも，「オーロラ」は図像として規範化されてはいない。極域でしか観察されないこの大気現象のイメージは，観測・通信技術が発達するまでは北欧神話の専有物だったが，現代では誰でも知っている。「オーロラ」を聖性の表象とする点は，サンタ・ムエルテ特有の現代的な図像表現と

訪問レポート 8　褐色の聖母と骸骨聖母

　メキシコ市北端の町ラ・ビリャは，メキシコ人のアイデンティティと深い関わりを持つ「グァダルーペの聖母」顕現譚の発祥の地であり，建設年代の異なる3つの教会堂や3万人を収容する礼拝用の大ホール（ヌエバ・バシリカ）など，大規模な宗教施設を擁するカトリックの聖地である。先スペイン時代には「テペアックの丘」と呼ばれ，土着の地母神が祀られていた。そこから，「グァダルーペの聖母」を土着の民間信仰とカトリックとのシンクレティズムと見る向きもある。

　「グァダルーペの聖母」信仰は，1531年，この地に住むインディオ男性のもとに聖母が顕現したという奇蹟譚に基づいている。ポルトガルのファティマ，フランスのルルドと並び，カトリック教会公認の「世界三大聖母顕現譚」の一つである。奇蹟譚のあらましは次の通り。

　エルナン・コルテスがアステカ帝国を征服して間もない1531年12月9日のことだった。宣教師の教化によってキリスト教に改宗し，ファン・ディエゴという洗礼名を授かったインディオの男性が，テペアックの丘のふもとを歩いていた。すると，突如〈神の母〉を自称する聖母が彼の眼前に降臨し，この地に初代司教として赴任してきていたファン・デ・スマラガに，わが子イエス・キリストに奉献する礼拝堂をこの丘に建てるように伝えてほしいと告げた。ディエゴはただちに司教に聖母のメッセージを伝えたが，すぐには信用されず，何か証拠を提出するよう要求された。再びテペアックの丘を訪れたディエゴに対し，聖母は冬には決して咲くことのないバラの花を開花させ，それを彼のティルマ（防寒用マント）に包み，奇蹟の証拠として司教に見せるようにと授けた。戻ってきたディエゴのティルマをスマラガ司教が広げて見ると，金色の光がほとばしり，中からバラの花とともに光り輝く聖母像が顕れたという。司教はただちに礼拝堂を建設し，ティルマの中に顕れた像を公開した。像の肌が褐色だったことから，やがてこの聖母は新大陸の混血の守り神として認識されるようになった。

　しかし最近の研究では，聖母の衣装に描かれた文様がアステカの公用語ナウア語の絵文字であり，インディオは図像を拝んだのではなく，むしろ絵文字を読んでいたという説が有力となっている。17世紀以降になると，ナウア語の絵文字を読める人も

①毎年12月12日はグァダルーペの祭日とされ、各地で祝祭が行われる／②ティルマを広げるディエゴとその奇蹟に驚く司教を表した像／③大ホールに飾られている、ディエゴのティルマに顕れたという聖母のオリジナル図像／④ラ・ビリャ市場の入口／⑤ラ・ビリャ市場内にあるサンタ・ムエルテ礼拝所の内部には、ピンクの衣装を着た像があった

描ける人も減り、それにともなって聖母の衣装の文様は解読不能の「図」となった。それが最近の先住民文化研究の発展で、改めて解読されたわけである。したがって「新大陸の混血の守り神」という位置づけは、実は17世紀以降になってから流布した言説である。

　ともあれ、やがてグァダルーペの聖母信仰はメキシコのみならずラテンアメリカ全域に拡がり、ラ・ビリャは毎年数十万人もの巡礼者が訪れる聖地となった。つまりラ・ビリャは、アメリカ大陸におけるカトリック信仰の総本山であり（そこには当然、メキシコをカトリックの拠点として重視するバチカンの思惑も関わっている）、そこでは「グァダルーペの聖母」のイコンが再生産され続けてきたわけである。そこに骸骨聖母の礼拝堂があるというのは、にわかには信じがたかった。しかしともかく訪ねてみることにした。

　植民地様式の教会建築の掉尾を飾る円形のエル・ポシート教会堂から東側に100メートルほど行くと、ゆうに60軒もの露店が建ち並ぶラ・ビリャ市場があり、ありとあらゆるグァダルーペ・グッズが売られている。この市場の中に、ほぼ露店1軒分のスペースを使ったサンタ・ムエルテ礼拝所があった。礼拝所が本当にあっただけでも驚きなのだが、さらに驚いたことに、写真撮影と取材のために滞在した40分ほどの間に、4組も参拝者がやってきたのである。めいめい供物を持参してきていたので、グァダルーペを参拝するついでに興味本位で立ち寄ったというわけではなさそうだった。しかも、市場内には1軒だけだがサンタ・ムエルテ・グッズ専門店もあり、大勢が押し寄せているというわけではないものの、客足は途切れることなく続いていた。

　観察の結果、さしあたりいまのところは、グァダルーペの聖地にサンタ・ムエルテが飛び込み参加している、といった様相である。ラ・ビリャを継続的に訪問したり、毎年恒例のグァダルーペ例祭を経年的に観察するうちに、さらなる「侵食」が見られるようになるかもしれない。果たして、メキシコ人のアイデンティティを支えてきた褐色の聖母と骸骨の聖母は、共存しうるのか、敵対することになるのか、はたまた補完しあう存在なのか？　この興味尽きないテーマも、今後の課題としておこう。

5．ビリャ市場内に1軒だけの専門店にはグッズがずらりと並んでいた

もいえるかもしれない。

　さらに，コンピュータ・グラフィックス（CG）の発達によって，いまではどのような（非現実的な）光も平面上に表現できるようになっている。信者たちが思い思いに描く「後光」の形象には，CGをふんだんに使ったアニメやマンガの影響もうかがうことができる。

蛇　筆者はまだ数例しか目にしたことがなく，サンタ・ムエルテ信仰の図像体系の中でこれが真にコード化されているのかどうかについては，いまだ調査・考察の余地があると思われる。

　「蛇」はさまざまな農耕文明において，豊饒や生殖，繁栄のシンボルとして普遍的に用いられてきた。一方で，その独特の形象と「毒」のイメージから，生理的嫌悪感や畏怖の念を抱かせる動物でもあり，「蛇使い」や蛇の捕獲を職業とする人々は特殊な能力を備えているとみなされることが多い。メキシコにおいてはアステカ神話以来，人間に文化をもたらした「ケツァルコアトル（羽毛の生えた蛇）」が，創造神として広く崇拝されてきた。

　少ないながら筆者が収集したこのタイプの図像ではいずれも，サンタ・ムエルテが蛇の頭部を握り，高々と持ち上げていた。蛇の長い体は像の胴体に沿って降り，尾が足先にまで届いている。巨大な蛇にサンタ・ムエルテが打ち勝ち，掌握している表現ととれる。

　メキシコの伝承に基づいて解釈すれば，創造神ケツァルコアトルのシンボルである蛇が，文化を手にし，自然をも操作するに至った人間の知性を表しており，その頭をつかんで勝利の雄叫びを上げているかに見えるサンタ・ムエルテは，その聖性と霊力が人間の知性を凌駕している存在，ということになろう。

第3章　素材に見る「自然の4つの基本要素」

　サンタ・ムエルテ信仰の特色の一つに，徹底した自然志向・エコロジー志向がある。像や祭壇の製作から一連の儀式にいたるまで，人工的・工業的に作られた化学物質素材はできるかぎり忌避される。サンタ・ムエルテ信仰に批判的な人々は，この点のみをとらえて「前近代的・時代錯誤・原始回帰の呪術信仰」といった批判をする。その背後には，メキシコ民衆の「後進性」を指摘する西欧近代のまなざしがある。

　しかし，地球の環境破壊と，その背景をなす現代社会の「大量生産・大量消費・大量廃棄」様式の行き詰まりが人類共通の深刻な課題として浮上している21世紀においては，サンタ・ムエルテ信仰の自然・エコロジー志向の方がむしろ現代的といえるのではないだろうか。サンタ・ムエルテ信仰が20世紀後半に急激に増殖した理由の一つに，このような現代社会の行き詰まりがあり，自然・エコロジー志向はそれに対するアンチテーゼといえる。つまりサンタ・ムエルテ信仰は前近代的な原始回帰の精神現象ではなく，自然との共生なくして人類の存続はないというきわめて現代的な認識に基づいた「脱‐近代」の現象であり，その思想は20世紀以来地球環境を破壊してきた病理に対する解毒剤ともなりうるのである。

　サンタ・ムエルテ信仰ではこのような自然・エコロジー志向に基づき，図像の素材も，祭壇や供物，儀礼用具もすべて自然素材を使用し，いずれも最終的には土に還すことを大原則としている。その根底には，人類の存続を支えてきた自然の4つの基本要素——水・火・土・空気——に対する，現代では失われている敬意と感謝をとりもどすという精神がある。

　とはいえ，現代社会，とりわけ工業製品に溢れコストのかかる都市空間においては，日常の信仰に必要なすべてのものを100％自然素材に切り替えることは容易ではない。「ロハスな生活」は，いかに理想的なライフスタイルだとしても，一定程度の社会インフラと所得がなければ実現不可能なのである。サンタ・ムエルテ信仰においてもこのような背景を前提に，大原則は最大限厳格に

尊重しつつも，その実際の適用に際してはある程度の例外も認められている。

本章では，まず像に使われる素材を確認し，そのあと祭壇の構成物に使われる素材を上記の「4つの基本要素」の視点から分析してみよう。

サンタ・ムエルテ像の素材

立体図像の素材　サンタ・ムエルテの立体聖像には一般的に，木材，植物繊維，天然樹脂（レジン）や蠟，紙粘土，陶土（粘土），動物の骨や角，鉱物（鉄板，鉛板，錫板）などが使われる。鉱物の中でも，加工の難しいアルミニウムや，値段の高い金，銀，プラチナなどの貴金属系およびレアメタル系の素材は見られない。

一般にある程度高さのある（およそ20センチ以上）立体聖像の場合，多くは重量と材料コストを軽減するために内部は中空になっている。細い木枝や竹の棒，葦，布などを針金や糸で固定して骨組みを作り，外面を支える。当然これらの骨組みも自然素材でなければならない。

立体像に着せる衣装も，像に直接触れる部分は綿，麻，ウールなどの自然素材の布に限定される。しかしこれは原則であって，自然素材が手に入りにくいことや信者の経済力も考慮し，人工繊維を含んだ混紡布も臨機応変に用いられている。また，布を染色する染料も100％自然素材であることが望ましいとされているが，これも使い勝手がよく安価な合成染料が適宜使われる場合もある。

自然素材の原則は，後述するように祭壇やオフレンダ供物についても適用される。このようにサンタ・ムエルテ信仰において工業製品が忌避されている背景には，後に詳説する4つの基本要素，すなわち水・火・土・空気こそがサンタ・ムエルテの霊力の根源であり，エネルギー放出の回路であるというコンセプトがある。つまり工業製品はサンタ・ムエルテの霊力にプラスの作用を及ぼさないばかりか，エネルギーの放出を妨げるなど負の影響をもたらすと考えられているのである。

木と紙粘土で作られた像

第3章　素材に見る「自然の4つの基本要素」

木の骨組みで支えられた立体像。『ナイトメアー・ビフォア・クリスマス』風?

左：平面図像ではコラージュは禁止されている／右：金属板レリーフで作られた平面図像

平面図像の技法　サンタ・ムエルテの図像が紙やパソコン上などの平面に描かれる場合は，事情がやや異なる。アナログの絵画を描く際にも，いまや絵の具や筆などの画材を100％自然素材で調達するのは難しい。また最近はCG技術の発達と汎用化が著しいこともあり，画材全般に原則が厳しく適用されることはなく，制約は技法上の問題に集中している。

たとえば，CG・アナログを問わず，複数の異なる平面上に描かれた図像から任意にパーツを選び，それらをつなぎ合わせて一つのイメージを構成するコラージュ技法は許されない。また原則として1枚の平面上には聖像1体のみが独立的に描かれなければならないとされる。

CGの場合，印刷される用紙もプリンタのインクも必然的に化学工業製品ということになるが，その点は不問にされている。

そして，完成・未完成にかかわらず，平面図像を折りたたんだり，丸めたりして持ち運ぶことは，聖像を汚す行為としてタブーとされる。画面の保護と聖像祭祀の上で必然的に額縁が必要となるが，これも形状や色は問われないものの，素材は木やガラスなど自然のものが望ましいとされている。しかし実際には，安価な既製品のアルミフレーム（アルミの原料ボーキサイトは鉱物なので容認される）や，ガラスのかわりとして軽くて割れにくいアクリル板や塩化ビニール板，あるいは最近ではラミネート加工すら見られるようになっている。

このあたりの原則適用の際の「ゆるさ」はある種のご都合主義ととれなくもないが，現代では工業製品を完全に否定すればCGも画面の保護もほぼ不可能になってしまう。立体聖像では最大限自然素材の大原則を貫くが，平面聖像に関しては臨機応変に，という現実主義といえるだろう。

祭壇の構成物に見る「自然の4つの基本要素」

　次に，祭壇の構成要素や設置環境，供物(オフレンダ)の素材を，サンタ・ムエルテ信仰で非常に重視される自然の4つの基本要素（水・火・土・空気）ごとに検証してみよう。

水　清浄な水は，外部から身体に入り込むさまざまな負のエネルギーを除去するフィルターとして機能するとともに，サンタ・ムエルテが信者にメッセージを送る際の媒体ともなる重要な物質である。きれいな水を安定確保するために，雨を呼び込むといわれる蛙の置物を祭壇に併置している事例も見られる（メキシコでは先スペイン時代から蛙は農耕に必須の水資源をもたらす雨の予知者，あるいは水そのものの表象として敬われてきた）。

　信者は毎朝，コップ1杯でよいので，必ず清潔な器に清浄な水（蒸留水を使ったり，そのつどミネラルウォーターを開栓する必要はなく，普通の水道水や井戸水を新たに汲めばよい）を入れ，祭壇に捧げる。ルールとして，水を汲む時には注ぎ足しをせず，こぼれてもいいから一気に容器の縁まで満たすこと，一度祭壇に置いたらその日を通じて位置を移動させないこと，容器に蓋はせず，自然に蒸発するにまかせるが，出張や旅行などで不在が続く場合は15日以上放置しないこと（それ以上の日数になることが予測される場合は水を捧げない），などがある。例祭やイベントなどに供物として持参する必要がある場合は，ペットボトルや水筒に新鮮な水を入れて持ち運ぶ。

　水を替える際は，前日の水を直接流し台に捨てたり，ペットに与えたりしてはいけない。庭の植物の根元に注ぐなどして，必ず大地に戻すようにする。

　水はまたサンタ・ムエルテからのメッセージを信者に届ける媒体でもある。祭壇に捧げた水が異常に早く蒸発するようなことがあれば，金銭の紛失や事業の失敗などに関する予告とみなされる。また，掃除など特別のことをしたわけでもないのに水にホコリやチリが浮かんでいれば，何かよくないことが身辺に起きる予兆として解読される。

　水の混濁は，家族や職場の人間関係にトラブルが発生するという警告である。このような時は，人間関係で親密さが増したりロマンスが実ることもなく，何にせよ冒険や挑戦も控えたほうがよいとされる。逆に，容器を通して透明感のある水泡が見える時は，万事順調であることを示し，何ごとにつけ積極的に取

左：祭壇に蛙の置物が併置されることも／右：イベントなどの際，多くの信者は必需品である水をペットボトルで持参する

り組むべしとされる。

　蒸発，ホコリ・チリ，混濁，水泡といった水の異変は，信者に負の影響をもたらすエネルギーの流入を防ぐため，サンタ・ムエルテが戦ってくれていることの証であると同時に，運命の変化を告げるメッセージでもあるのである。

火　　生を充足させ，未来への願望を実現するためのエネルギーの源とされ，信者たちは祭壇に火を絶やさないよう常に心がける。また，属徴としての「ランプ」のところで述べたように，「光」はサンタ・ムエルテの聖性が可視化されたもの，あるいは奇蹟の予兆とみなされており，それを「火」によって継続的に保持することが重視される。そしてこの場合も人工的な燃料や発火物は忌避しなければならない。特に，不幸続きで負のエネルギーの遮蔽を最優先事項とすべき場合などは，できるだけ長時間，昼も夜も火（光）のエネルギーを供給し続ける必要がある。

　個人の祭壇では光源として蠟燭を用いる例が圧倒的に多い。サイズを問わず，一度点火したら燃え尽きるまで火を消してはいけない。途中で消したり，不注意で消えてしまった場合，何らかの不運にみまわれる可能性が高まると信じられている。突風など自然の現象で消えてしまった場合は，明らかに悪いことが起こる予兆とみなされる。

　蠟燭に点火する際は，必ず木軸・紙製のマッチなど自然素材の点火物を使い，ライター等は決して用いない。聖像本体と同様に，願い事の内容によって11色の中から適切な色の蠟燭を選ぶことも肝要だ。燭台には皿状のものがよく用いられ，これもプラスチックなどの化学物質は避け，木，陶土，ガラス，金属（鉱物）など自然素材のものを使う。ほかに透明か着色されたガラス製，ある

第3章　素材に見る「自然の4つの基本要素」

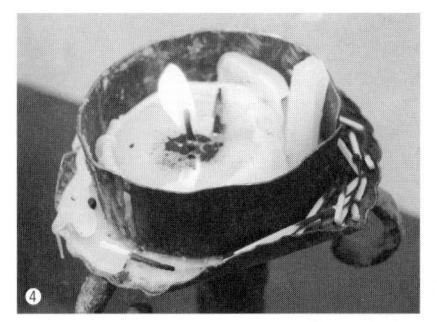

①「光」は祭壇になくてはならない要素（Wikipedia スペイン語版より）／②ボーダー状マルチカラーに彩色されたガラス容器入りの蠟燭／③礼拝堂では各種の人工照明器具も使われる／④⑤蠟燭の容器各種／⑥木軸のマッチは必需品

いは陶製・金属製の容器に入った蠟燭もよく使われている。その場合，容器の側面にはサンタ・ムエルテの像が描かれているものが望ましいとされ，無地なら白か透明でなければならない。

　その他，灯油ランプが用いられることもあるが，この場合点灯する前にランプをよく掃除しておく。

　自然素材の原則を考慮すれば蠟燭が理想だが，火災を避けるために1日中祭壇の近くにいなくてはならなくなる。これは仕事や家事に追われる一般の信者にはなかなか困難である。そこで，代替案として小さな白熱電球の利用も許されるようになった。ただし，蛍光灯や水銀灯，LEDなど大きな熱エネルギーの放出を伴わない光源は原則として避けられる（礼拝堂など公の場では，火災防止および光熱費や視覚効果上の観点から，この原則はさほど重視されない）。また，日常的にはワット数の低い白熱電球でもかまわないが，祈禱や願い事の際には蠟燭やランプで強化する。

　蠟燭以外の照明の場合は当然，「自然に燃え尽きる」ことはないし，安全面の問題もあるので人間の手で（自然に逆らって）消すことになる。この点でも蠟燭の方が適しているといえる。

　なお，一つの祭壇に複数の照明を灯してもよく，むしろ多いほど祭壇にエネルギーが充満してよい結果が得られると考えられている。

土　地球上のすべての存在が生まれ，育まれ，そして還ってゆく場所の象徴である。サンタ・ムエルテ信仰においても，自分たちが地球の住民であること，地下に住む祖先の霊魂や精霊とのつながり，大地からの恵みへの感謝の念を常に意識し，更新させるための要素として重視されている。信仰上の形而上学的な意味合いとしては，日常生活において穢れのない純粋なもの（精神），疑う余地のない真摯なものに出会う可能性を高める要素とされる。祭壇には，ごく少量でも無垢の土（悪霊で穢れている可能性の高い道路脇や工事現場の土などでなく，自然の山林・野原や自宅の庭などで採取した土）を容器に入れて供えなければならない。それがたとえば遺跡のように，祖先や精霊の霊力が確実に保存されていると考えられる場所，それも祭祀によって代々浄化されてきたような場所から採取された土であれば，より霊験も高いといわれる。信者たちが土を持ち帰るための「遺跡ツアー」を実施している団体もある（実地にこの手のツアーを見たことがあるが，何だか甲子園の土を大事そうに持ち帰る高校球

①市販されている土
②③砂鉄を混ぜた「黒い塩」
④マルコスの店に置かれていた砂糖の器。後ろの像の頭上には「砂糖を供えると願いを叶えてくれる小魔術師」とある

児を思い出した)。しかし日常的に手に入りやすいものではないので、最近では炭素（考古学では「祖先の生活の痕跡を示すもの」と認識される）を象徴する炭を混ぜた固形土も供物用品として売られている。

　この延長上の発想で、祭壇に岩塩を盛ることも多い（日本の盛り塩の風習を想起させる）。白色の岩塩は純粋性や無垢のイメージをも象徴する。アメリカ大陸では海水を乾燥させた海塩はあまり一般的でなく、先スペイン時代から岩塩が広く用いられていた。土は無料でも手に入るが、精製された良質な岩塩となるとさほど安価ではない。しかし、都市部の信者にとっては土のほうがむしろ入手しづらく、今後は岩塩が土にとってかわる可能性もある。

　最近では、岩塩に砂鉄を混ぜた「黒い塩」を祭壇・儀礼用品として販売している例も見られる。11色の中でも最も強力なパワーを持つ「黒」をとりいれたものであろう。

　なお、やや話が逸れるが、1章の「聖パスクアル起源説」のところで述べた、ソノーラ市場近くの占い師マルコスの店の店頭には、なぜか容器に入れた砂糖が置いてあった。砂糖はキリスト教世界では中世以来、富と権力の象徴ともされてきたが、はたしてメキシコのサンタ・ムエルテにおける意味は何か。塩の代用品なのか、あるいは全く別の文脈による供物なのか、残念ながらこの時は

解明できなかった。

祭壇にはその他,「土」と縁の深い供物もよく並べられる。土の恵みの象徴としての小麦パンやトルティーリャ（トウモロコシから作る薄焼きパン），酒（リュウゼツランから作るプルケ，ビール，ワインなど）のほか，煙草，葉巻，各種の果物，色とりどりの花，薬草や香草などのハーブ類，地中から掘り出した輝石などである。これらの供物の選定にあたっての規範については，次章の「供物」の項で詳しく述べる。

松脂の塊

空気　人間を含めすべての動物は酸素を摂取しなければ生きてゆけず，空気は生存に必須の要素である。それだけでなく，空気がなければ音も伝わらないし，嗅覚も成立しない。つまり空気は人間にとって生存上だけでなく，コミュニケーションにも不可欠なものである。サンタ・ムエルテ信仰においても，常に聖像を新鮮な空気・風と接触させることが求められる。市場に流通するさまざまな信仰マニュアルの多くも，祭壇を窓の近くに設置する，あるいは付近に換気装置を置くことで通気をよくし，風が像に触れるようにすることを推奨している。

風は祭壇のサンタ・ムエルテ像に新鮮なエネルギーを送り，新陳代謝を促すと同時に，負のエネルギーの接近をいち早くサンタ・ムエルテに伝える。負のエネルギーを感知したサンタ・ムエルテは，蠟燭の炎を揺らしたり消したりすることで人間にそれを知らせてくれる。

また，信者の側から，空気を媒介にしてサンタ・ムエルテに確実に願い事を伝える有効な方法として，「香」が広く使われている。香は環境を浄化するとともに大気中のエネルギー波を調整し，サンタ・ムエルテとのコミュニケーションを潤滑にするものとして重視されている。

香の原料もいうまでもなくさまざまな自然素材である。最も一般的なのは，先スペイン時代から伝統的に使われてきた松脂（copal）である。精製した茶色の固形物を使う西欧と異なり，先住民文化では採取したのち揮発成分だけを除去した白い塊を用いる。アステカ文明やマヤ文明では「神の食物」とされ，儀式などで広く用いられていた。現在も塊やフレーク状のものが香として市販されている。硬度は琥珀ほどではないが，蠟よりは固い。火をつけると樹脂が

第3章　素材に見る「自然の4つの基本要素」

溶け出し，甘く優しい香りがたちのぼる。「白コパル」のほかに黒ずんだ「黒コパル」（黒っぽい煙が出る）があり，好みに応じてどちらを使ってもよい。そのほか，同じ樹脂系ではミルラ（没薬）や安息香，香木・植物系ではムスク（麝香），ハスミン（ジャスミン），ロサ（バラ），バニラ，リラ，サンダロ（白檀の一種），マリゴールド，カーネーションなどもよく使われる。

それぞれの効能は，サンタ・ムエルテ信仰の文脈のなかで次のように考えられている。松脂は負のエネルギーのパワーを弱め，環境を浄化してくれる。ビジネスに携わる人々が多用する傾向がある。ムスクは病気の予防と治癒に役立つ。ハスミンは，ビジネスの世界でクライアントの気持ちをこちらに向けさせる効力がある。ロサは情愛・性愛に関わり，消えかけている情熱を覚醒させたり，リビドーを回復させる。サンダロは経済力や人間的魅力，人間関係を維持する。リラ，マリゴールド，バニラ，カーネーションは日常の家庭問題の解決に役立つとされる。古くから香として用いられてきたミルラはやや強力で，あらゆる不運をはねのけるとされており，既製品を買うのでなく自分の手で原料から調整しないと効果がないとされている。

市販されている既製品も多種多彩である。市場へ行けば，カラフルな粉末香，円錐形や角形に成型した練り香，木軸に塗りつけた線香などがたくさん売られている。異なる香りの粉末香を自分で調合したり，違う種類の香を同時に焚いてもかまわない。いうまでもなく，香台と発火用の熱源も自然素材が使われる。

香を焚いた後の灰も，水と同様，流したりゴミ箱に捨てたりしてはならない。1日の終わりにその日に出た灰をすべて庭の土などに埋め，大地に戻す。

また信者（とりわけ女性信者）の中には，香だけでなく，愛用の香水やローションを聖像の足元に1日1回滴らしたり，吹きつけたりする人も多い。外出時に自分の体に香水をふりかけるのも，サンタ・ムエルテ信者の場合は単なる身だしなみやファッションではない。祭壇にかけたのと同じ香水を身につけることで波動を祭壇と「同期」し，外出先でも身を守ってもらうためである。サンタ・ムエルテ専用の香水も各種市販されている。ただし，こういった芳香剤の効力は1日限りとされている。

以上，自然の4つの基本要素ごとに祭壇の構成要素を概観した。また，先に述べた「あらゆるものを最終的には土に還す」という理念に基づき，使用済み

の素材や供物の廃棄方法にもルールがある。廃棄の目安は損壊や腐敗である。たとえば，食物のお供えが「賞味期限」や「消費期限」を過ぎたからといって簡単に捨ててはいけないとされている。

左・中央：市販されている各種の香／右下：市販されているサンタ・ムエルテ信仰用の香水各種

訪問レポート 9 プエブラで入信儀式を受ける

　メキシコ市から東に120キロほど行くと，プエブラ州の州都プエブラ市がある。16世紀にスペイン人植民者によって建設されて以来，メキシコ湾に面したベラクルス港とメキシコ市を結ぶ交通・物流の要地として栄えた。現在も国内4位の人口を抱える大都市であるが，植民地時代の文化が色濃く残り，保守的な気風に満ちた街で，カトリック教会堂も数多く遺っている。そのようないわば古式ゆかしいカトリックの聖地プエブラにも，サンタ・ムエルテ信仰が広まっているというのだから驚きだ。2009年9月，その実態を見るべくプエブラに赴いた。

　事前のリサーチで訪問の見当をつけてあった礼拝堂が2箇所あったのだが，教えられた住所に行ってはみたものの，いずれもなぜか人影まばらな僻地で，礼拝堂などどこにもなかった。情報が古かったか，もしくは「礼拝堂の建設予定地」だったのだろうか。やむなく礼拝堂はあきらめ，市中心部にあるというグッズ・ゾーンに行ってみることにした。北7番街と西12〜14番街が交差する区画のあたりでタクシーを降りると，眼の前の店の入口に，170センチはあろうかという等身大のサンタ・ムエルテ像が展示されていた。入口に伝統的なキリスト像を飾っている店もあったが，エリア内のすべての店に，品数の多寡はあれ何らかのサンタ・ムエルテ・グッズが置かれていた。取材するうちに，礼拝所まで備えた専門店があると聞き，さっそく行ってみることにした。

　店の経営者はビクトル・ミゲル・サンチェス・サラテ氏。ショップのほかにテーブルと椅子を設置した「占い・人生相談室」があり，店の奥に2坪弱の礼拝所があった。テピート地区で生まれ育ったビクトル氏は，プエブラ出身のテレサ夫人との結婚

プエブラ市，サンタ・ムエルテ・グッズの店が建ち並ぶ区域。等身大のサンタ・ムエルテ像もあった

左：ビクトルの店の「占いの部屋」／右：（左から）ビクトル，息子，甥。背後にはサンタ・ムエルテのレリーフ画が

を機にこの地に移り住み，1987年に店を開いたそうだ。筆者がテピートで取材したことを話すと，故郷への愛着からか非常に感動した様子で，家族全員に紹介してくれたうえ，筆者の意向にはまったくお構いなしに，サンタ・ムエルテ入信の儀式（キリスト教でいえば洗礼）まで体験させてくれた。

　礼拝所に入るや，すぐに松脂を焚くための炉が持ち込まれ，煙と甘い香りが部屋を満たす。荷物を下ろし，上着，帽子，腕時計，眼鏡などをはずして待機する。ビクトルのほかに息子と甥の2人が証人として立ち会ってくれた。まずビクトルがバラの香りのするローションを両手一杯にとり，続いてサンタ・ムエルテを称えるオラシオン（祈禱の文言。詳細は5章参照）を唱えながら，ローションを筆者の頭の上から顔，肩，背中へと注いでいく。それが終わると，今度は自分で同じことを繰り返すよう指示された。両手にぬるぬるしたローションを受けとり，ビクトルがしたのと同じように頭の上から垂らしてゆく。ローションは揮発性が高く，すぐに乾くが，香りだけはしっかりと残っている。次に同様のプロセスで，腰から下にローションを塗りまくる。ここで入信儀式の第一段階が終了する。

　第二段階は，体内に宿る負のエネルギーを放出する作業である。まずビクトルがお手製の葉巻に火をつけ，一服吸い込む。筆者の正面に立ち，口に溜めた煙を頭頂から足元まで吹きかける。その煙を腹式呼吸で思い切り吸い込めという。思わず咳こむと，やり直しをさせられた。次にその葉巻を自分で吸い，煙をゆっくりと吐き出す。葉巻の煙は負のエネルギーの侵入を妨げ，環境を浄化するともいわれており，こうするこ

左：松脂を焚く炉／右：儀式に用いるローション類

とで煙と一緒に体内の毒素や負のエネルギーが排出されるそうだ。しかしこれを9回も繰り返さねばならず，しまいには頭がくらくらしてきた。なお，ここで使用した葉巻の灰は絶対に床に落としてはならない。残った灰の形状が，入信者の持つ正（生）のエネルギーの源泉（守護神でもある）を表すのだという。筆者の葉巻の灰の形を見て，ビクトルと証人たちは口々に「ドラゴンだ！」と叫んだ。どうやら筆者の守護神ないし生のエネルギーの源泉は「龍」らしい。そんな勇ましいものが守ってくれていたとは……ドラゴンはめったに現れないというし，ちょっと誇らしい気分だ。この結果を見たビクトルの筆者に対する物腰が，やや丁寧になったと感じたのは気のせいだろうか。

　第三段階では，数種類の薬草の束でお祓いを受けたのち，サンタ・ムエルテへの感謝のオラシオンを大声で唱える。14行詩のスタイルをとった文言を，1行ずつ教えてもらいながら復唱する。最後に，骸骨の聖母像の前に供物を供える。自分の持っているものなら何でもよいというので，ズボンのポケットに入っていたガム，飴，それに50ペソ紙幣を1枚置いた。証人たちの拍手に送られながら礼拝所を出た。しめて40分ほどの儀式だった。入信の心づもりをしていたわけでもなく，なかば強引に「受洗」したかっこうだが，それでも礼拝所に満ちた崇高な空気が心を洗ってくれたように感じた。感動的な体験であった。

正（生）のエネルギーを表すという葉巻の灰が，口を開けたドラゴンの形に！

最後は骸骨の聖母像にお供え

第4章　祭壇の構成

　信者はサンタ・ムエルテを崇敬の対象として祀るために，家庭であれオフィスであれ，聖化された空間を確保しなければならない。それが祭壇（altar：英語の音はオルター，スペイン語ではアルタル）である。祭壇は，信者がサンタ・ムエルテという大地から魂の滋養を吸い上げるための根であると同時に，信者がサンタ・ムエルテに供物と祈禱の言葉を捧げ，願い事を投げかける対話の場所でもある。

　本章では，家庭・オフィス内に設けられる個人の祭壇の構成や仕様，設置条件の詳細を通じて，サンタ・ムエルテ信仰の規範の一側面を検証してみよう。なお，パブリックに開放された礼拝堂の祭壇の場合は当然，仕様や条件が細部において個人のそれと異なるが，おおもとの規範は共通と考えてよい。

祭壇の仕様

設置場所とサイズ　　祭壇の設置場所の要件としては，まず祈禱の文言（オラシオン）や願い事が確実にサンタ・ムエルテに届くよう，静謐な場所でなければならない。往来の激しい車道に面していたり，繁華街の喧噪が聞こえてくるような場所は適さない。次に，前章で述べたように聖像を空気＝風によく接触させる必要があるので，窓や換気口などが近くにある場所が望ましい。また「火」を絶やさないための装置（蠟燭，ランプ，白熱電球など）による火災を避けるため，できるだけ広々とした空間を選ぶ。熱が籠もるような狭い部屋や，本や書類などの可燃物が大量にある部屋は避けた方がよい。

　可能であれば，家やオフィスの中に専用の祭壇室か祭壇コーナーを設ける。家族や団体の全員が帰依しているのであれば，全員が一堂に集まって祈りを捧げる

サンタ・ムエルテ像には灯がつきもの

左：段ボール箱の祭壇／右：バックパック型祭壇でいつも一緒

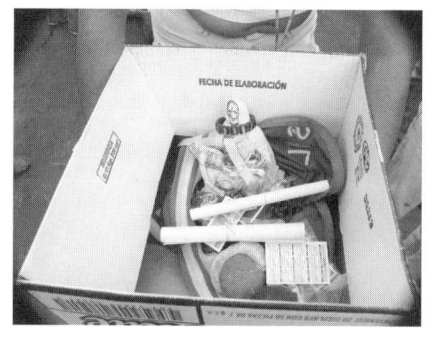

ことのできる広さの部屋が望ましい。ただしこの「全員」には，同居していない親族や，「第二の親」であるコンパドレ（compadre：代父・代母，いわゆるゴッドファーザー・ゴッドマザーのこと）は含まれない。

　個人が自分専用の祭壇を作る場合は，本人以外は簡単に入室できない個室に設置するのが原則である。しかし，実際には「モバイルタイプ」のおもしろい例も見受けられる。まだ独立しておらず，家の中で個室を持つこともできない家庭の子どもが，小さな段ボール箱の祭壇を作って持ち歩いていたのには感心した。さらなるモバイルタイプもある。見たところ十代の少女が，小さなバックパックの中に聖像を入れた自分だけの祭壇を作り，肌身離さずしょっていたのである。そのほか，大人でも，仕事で毎日使う大型トラックの中に祭壇を設けている人もいた。「いつも祈りを捧げたい」「いつも一緒にいたい」という，信者たちの骸骨聖母に寄せる並々ならぬ愛着を感じさせる。いうまでもなく，祭壇の大きさは信心の深さとは関係がないし，自分の懐具合や生活形態に応じたものを作ればよいわけである。

高さ・土台・台座　部屋に設置する場合，床に直接置くのはよくないとされる。ホコリをかぶりやすいし，つまずいて倒したりする危険があるからである。目安としては，祭壇に安置されるサンタ・ムエルテ像と信者の目線が同じ高さか，像の方がやや高い位置になるよう設置すべきとされている。実際，多くの信者がこの規範に準じて，机や卓の上に設置したり，壁に専用の棚を作ったりしていた。宗教全般にいえることとして，祭壇の位置が高いほど尊崇の念を表すことになるが，供物の交換などができないほど高くては困るので，おのずから限

第4章　祭壇の構成

度がある。

　適切な高さに設置するための土台も自然素材でなければならない。既製品でも手製でもよく，木製や籐製の机や卓，棚，ガラステーブル，スチール製の事務机など，家庭やオフィスにある普通の什器でよい。重要なのは祭壇をしっかりと支える頑丈さと高さである。

　土台を決めたら，その上にまず祭壇の基礎となる台座を置く。これももちろん自然素材である。上に載るものが安定するよう，厚みのある丈夫な盆（木製・陶製・ガラス製・金属製など）が推奨されているが，実際には動物の毛皮や，綿・リネン・絹製のテーブルクロス，ウールの薄毛布を台座にしている事例が多かった。次に述べる「大きさ」の点で，布のほうが使い勝手がよいのかもしれない。市場へ行けば，この祭壇台座専用の布地がメートル単位で売られている。

　台座は祭壇全体，すなわちそこに安置されるすべてのものを包含する大きさがなければならない。聖像，供物，火の装置など祭壇を構成するすべてのものが，土台の机等に直接触れることのないように注意する。

　台座の色は，願い事の内容に即して選んだ聖像の色に合わせる。祭壇の全体は1色で統一されていなければならない（厳密に同色である必要はないが，見た目に同色系であるように揃える）。台座の盆が木目のはっきりした木製で，見た目に2色に見えてしまう場合などは，地の色に近い塗料を塗って色差をなくすようにする。布の場合も無地に限られ，柄ものは使えない。

聖像の安置　　基礎部分の準備が整ったら，いよいよ本尊たる聖像を安置する。立体像を置く人が多いが，奥行きのない作りつけの棚型祭壇に平面図像を飾る人もいる。祭壇のサイズに合わせ，2章で述べたようなさまざまなポーズ・大きさの像の中から好きなものを選び（あるいはハンドメイドで製作し），時には衣装をまとわせ，大切に安置する。

　像や衣装の色は2章で解説した通り，願い事の内容によって選ぶ。前述のように台座の色も像に合わせる。また，原則として一つの祭壇に像は1体のみ安置する。しかし，願い事が複数ある人もいるし，人生の各場面で祈願すべき内容が変わることもままある。そういう時はどうするかといえば，「入れ替え」もしくは「着せ替え」を行う。異なる色の像や衣装と，それらに合わせた台座（布や盆）を用意しておき，願い事が変わるごとに像を入れ替えたり，衣装を

着せ替えたりするのである。ベーシックな白かアイボリーの像1体をキープし，別に複数色の衣装・台座を用意して必要に応じて着せ替える事例が多い。

　立体像・平面像を問わず，祭壇に置く聖像はサンタ・ムエルテのみとし，他の宗教の聖人像を並置することは原則として禁じられている。ただ，カトリックの伝統が根強いメキシコでは，グァダルーペの聖母や守護聖人の像を代々奉じてきた家庭も多い。それらを捨てるというわけにもいかないし，多くの家では別に祭壇を設けるスペースの余裕もない。そこで，同じ祭壇内に「同居」させてもかまわないが，その場合はできるだけ距離を置き，向きを変えること，明らかに並べたり対峙させたりしないこと，とされている。ちなみにこの点，宗教的背景を異にする不特定多数の信者が訪れるパブリックな礼拝堂では原則通りとはいかず，雑多ともいえる形で異なる聖像が併置／並置されていることは，「訪問レポート」各話などですでに見たとおりである。

　さて，ここまで祭壇の物質的な構成を解説してきたが，実際に家やオフィス内に初めて祭壇を設置する際には「聖化」の儀式が必要となる。これについては後段の「祭壇を聖化する儀式」の項で詳しく述べることにしよう。

🔸 供物（オフレンダ）の用意

　祭壇の準備が整ったら，次にこの祭壇を聖化する儀式を執り行うために，前章で紹介したような各種の供物（ofrenda）を用意する。必須アイテムは照明（光），水，香，花，土の表象物5品目である。

　このうち，設置したての祭壇で特に注意しなければならないのが「最初の水」である。初めて祭壇に水を捧げる時には，置いてからしばらくコップの水の状態を注意深く観察する。もし水が濁らず，小さな気泡が観察されれば，それはサンタ・ムエルテが祭壇の状態に満足し，祭壇が承認された証と判断してよい。もし水中にゴミや汚れが観察されたら，それはサンタ・ムエルテが祭壇を気に入っていないなど，何らかの障害があることのサインであり，祭壇の向きを変えたり，別の場所に移動させるなどの処置をとらなければならない。「承認」の確証がとれたら，あとは前章で述べた通り，1日1回定時（できれば朝一番）に新しい水に替えていく。

　必須アイテム5品目のほかに，事情によっては省略してもよいオプション的

なものがある。以下では，前章で述べなかった「花」およびオプションアイテムについて述べる（花以外の必須アイテム4品目については前章を参照されたい）。

花　照明（光），水，香，土と並び，必須アイテムの一つである。さまざまな花が供物とされるが，造花（たとえ自然素材の紙で作られたものでも）だけは使ってはいけない。長持ちするからなどといった形式主義的な手抜きの発想は厳に戒められている。

　数ある花の中でも，白い花は必須中の必須で，各種とりまぜた花束の中にも必ず入れられる。これは11色の中で「白」が占める重要な位置と対応している。花種は問わず，花屋で新鮮な生花を購入してもよいが，庭先や野山で摘んだものがより望ましいとされる。また，白だけでなくどの色の花であっても，他の目的で買った花（束）を流用したり，逆に祭壇用に用意した花を他の用途に使うことは禁じられている。

　用意した白い花は祭壇専用の花瓶や壺に入れて捧げるが，これら容器の素材も当然，自然素材で作られたものに限られる。花の数は数本あれば十分である。容器に合わせて茎の長さを調整する場合，無造作に手で折ったりせず，必ず鉄製（あるいは他の自然鉱物製）の刃物で丁寧に剪定しなければならない。容器の水は毎日とりかえ，枯れたらすぐに新鮮なものに差し替える。枯れた花もゴミ箱に捨てるのではなく，庭などに穴を掘って埋めなければならない。

　地形の変化に富むメキシコは熱帯気候から高山気候まで多様で，これを反映して花の種類も実に豊富である。なかでも10月後半から11月初旬に濃いオレンジ色の花を咲かせるセンポアルソチトルは，アステカの伝説にまつわる花として，メキシコ人にとって特別な意味がある。伝説によれば，アステカ帝国を築く前のメシーカ人たちは，約束の地を探し求めて流浪の旅を続けていた時代，旅団から死者が出るとその場所に埋葬し，移動を続けるしかなかった。死者を置き去りにする悲痛さにたえなかったメシーカ人たちは，亡き人の思い出をとどめ，残された者が記憶を保持する目印になるような花を与えてほしいと神に念じた。するとこのセンポアルソチトルの花がもたらされたという。

　センポアルソチトルは5～6月に種がまかれ，メキシコ最大の伝統行事である「死者の日」（10月末～11月初頭）の時期に開花する。メシーカ人の「死者の記憶を刻む花」という性質が，カトリック由来の行事との習合を経て現代にも受け継がれているのである。先に述べたように「死者の日」との習合が見ら

像に白い花を飾ることもある。ソノリータ市場で出会った，眼窩に白い花を差した像

左：白い花は必須の供物／中央：「死者の日」に捧げられるアルウェリの白い花／右：濃いオレンジ色の花をつけるセンポアルソチトル

れるサンタ・ムエルテ信仰でも，センポアルソチトルは重要な供物とされている。なお，やはり「死者の日」によく用いられるアルウェリという白い花がある。特に子どもの死者に捧げられるものだが，夏から秋にかけてはサンタ・ムエルテ信仰でも供物としてよく使われる。そのほかによく供物に用いられるものとしては，バラ，マーガレット，カーネーションなどが挙げられる。色は白が最も多用されるが，11色の中から願い事に応じて選ぶこともある。恋愛や愛情に関する願い事をする場合は花種を問わず赤，金銭問題ならば黄が効果が高いとされる。

　ここまでに紹介した必須アイテム5品目（照明，水，香，土，花）さえあれば，祭壇の聖化にはこと足りるのだが，実際にはほかにもさまざまな供物が捧げられ，家庭・オフィスごとに個性を演出している。それらのいわば「オプション・アイテム」を，以下ランダムに紹介しよう。

酒　酒は大地で育つ植物を原料とするため，供物に使うことには何ら問題はない。メキシコ伝統の酒としてはプルケ，テキーラ，メスカルなどリュウゼツラン科の植物から作られたものや，トウモロコシから作られたビールなどが挙げられ，どれもその起源は先スペイン時代にまで遡る。信者の間では「サンタ・ムエルテは外来の酒より地酒を好む」とされているが，信者たちの心底には，サンタ・ムエルテ信仰をスペイン人が到来する前のメキシコの伝統と結びつけたいという欲求があるのかもしれない。

赤系の花が多く捧げられた祭壇。願い主の悩みは恋愛問題？

左：サンタ・ムエルテは「地酒好き」？ テキーラやメスカルの供物／中央：ビールもよく見かける／右：個人祭壇ではコップに注いで供えることが多い

　地酒を好むとはいいながら，ほかにもワイン，ウイスキー，ブランデー，麦ビール，シェリー，リキュールなどなど，要するになんでもありだ。家庭の個人用祭壇では，ボトルのまま置かず，コップやグラスに移して捧げることが多いようである。その場合，水を供える時とは違い，縁まで満たさなくともよい。一度置いたら数日はとりかえないが，15日（21日という説もある）以上放置してはいけない点は水と似ている。数日捧げた後は信者が下げて飲んでもよい。飲まずに捨てる時は，定められたオラシオンを唱えながら必ず木（水の場合と違って花や野菜など他の植物はだめらしい）の根元に注ぐ。ボトルのまま供える場合は，祭壇にじかに載せず，祭壇脇に供物用に設置したガラス戸棚などに並べているケースが多かった。

パン・トルティーリャ　必須アイテムに入っていないにもかかわらず，家庭の祭壇では必ずといってよいほど見かける供物である。主食に不自由しない生活を送れるようにという願いを反映している。トウモロコシの粉から作る伝統的なトルティーリャが定番だが，トルタ（サンドイッチなどに使われる丸形のプチパン）やドーナツ，菓子パン，食パンなど小麦のパンもよく用いられる。

　しかし，同じ炭水化物でもパスタ類や米は見かけない。パスタや米はパン類のようにそのまま食べることができないので，供物には不向きとみなされているのかもしれない。ゆでたパスタや煮た米を供えることはできるが，時間が経てば麺はのび，ライスは固くなる。それでは聖母に失礼ということなのだろう。

　パン類は固くなったりカビが生えたりする前にとりかえる。古くなったパンはお供えから下げて食べてもよいし，捨てる場合は若木（生命を維持する主食であることに対応している）の根元に埋める。

お供えのパン

像の足元に供えられた赤と黄のリンゴ

果物　古今東西を問わずお供えとされてきた大地の恵みの典型であり、アメリカ大陸でも先スペイン時代から神への捧げ物に使われていた。サンタ・ムエルテは常に新しいエネルギーを必要としており、その供給源となりうる旬のものを好むといわれている。1年を通じて最もよく使われるのが赤いリンゴである。西欧渡来の果物であり、西欧では古来、知恵、不死、豊穣、美、愛などの象徴として知られるが、サンタ・ムエルテ信仰では特に、赤いリンゴが恋愛や知恵にまつわる負のエネルギーを吸収してくれるとされている。また、黄色いリンゴはお金を引きつけるとされ、やはりよく使われる。いずれも供える数は2～3個で十分とされている。現代のメキシコでは安価で種類も豊富なので、どこの家庭・オフィスでも手に入れやすく、最もポピュラーな供物の一つである。ちなみに、リンゴはスペイン人到来まではアメリカ大陸に存在しなかった果物であり、サンタ・ムエルテ信仰の起源がいつのことであれ、リンゴを供物にする習慣が生じたのは植民地時代以降ということになる。

　そのほか、ココナッツやパパイヤもよく供えられる。こうした大ぶりな果物の場合、あまりに実が大きければミキサーなどでジュースにし、器に入れて捧げてもよい。スイカをカットして供えているケースも見られた。しかし一般に

は果実丸ごとを供えるのがよいとされており，小ぶりのものが選ばれる傾向がある。

果物類はいたみやすいので，祭壇に置いた日の夜に下げて食べてもよいとされている。ここでも，皮や芯などはゴミとして処理してはならず，自然素材の容器に入れて運び，庭先などに穴を掘って埋める。

葉巻・煙草　これも植物から作られるもので供物に多用されている。歴史的には葉巻の方が早く，それがサンタ・ムエルテ信仰のキューバ起源説の根拠にもされている。家族に喫煙者がいるかどうかにかかわらず，新しく設置した祭壇を聖化する際には葉巻を1本供えることが推奨されている。メキシコでは，子どもが無事に生まれると親が親戚や友人に葉巻を配る風習があり，それとも関係があるのかもしれない。

訪問レポート9 でも述べたように，葉巻の煙は負のエネルギーの侵入を妨げ，環境を浄化するといわれ，サンタ・ムエルテにその効用を届けるために供えられる。ところでこの効用の説明は，キューバの有名なゲリラ神話を連想させる。キューバ革命（1959年革命政権成立）がなしとげられる以前，いまだシエラ・マエストラの山中でゲリラ活動に従事していたころ，カストロやチェ・ゲバラは害虫除けに常に葉巻を吸っていた。そのことから，葉巻が悪霊を退け，キューバ革命を達成させたのだという神話が生まれたのである（ただしこれは，葉巻を重要な輸出品とするキューバのプロパガンダかもしれない）。本物かどうか定かではないが，名高いハバナ産葉巻のなかでも最高級品とされるコイーバ（キューバ革命後の1968年に誕生し，82年以降一般市場に出回るようになった）がよく供物に見られる。ほかに，ごく普通の紙巻煙草もひんぱんに供えられる。

葉巻や煙草も1日ごとに新しいものにとりかえ，翌日にはお供えから下げて吸ってもよい。ただしその際，火をつけるにはライターではなく，木軸ないし紙のマッチや蠟燭を用いる。灰や吸殻は床や地面に無造作に捨ててはならず，必ず自然素材で作られた専用の灰皿で受けた後，地面に穴を掘って埋める。

紙巻煙草も葉巻も，占いにも使われる。「訪問レポート9」でも類似のケースを紹介したが，よく行われているのが，火をつけた紙巻き煙草ないし葉巻を祭壇に置いて燃え尽きるのを待ち，残った灰の形状や状態で自分の運勢を占うというものだ。燃えにくい葉巻の場合はやや工夫が必要で，火のついた先端の

①葉巻も多く供えられる
②ハバナ葉巻のなかでも最高級品とされるコイーバ。偽物が大量に出回っているという噂もあるが…
③紙巻煙草の供物も多い
④紙巻煙草の灰で運勢占い
⑤お守り袋の中に煙のパワーを閉じ込める

第4章　祭壇の構成

左：米ドル紙幣を貼りつけられた像／中央：横たわった像に貨幣が飾られていた／右：硬貨を模したチョコレートを供えることも多い

方を口にくわえ（火傷に注意），息を吹きつけて強制的に燃焼させ，それから灰を観察する。また，お守り袋の中に煙を吹き入れて封じ，煙の効能を高めるなども行われている。

　貨幣　比較的最近になって供物のラインナップに加えられたものである。貨幣の奉納は寄付・寄進から日本の賽銭まで宗教全般で見られるが，サンタ・ムエルテ信仰においては，位置づけがやや曖昧なところがある。紙幣も硬貨も原料の点では「自然素材」の原則から外れているわけではないが，その象徴性を考えれば「人工物」の代表格である。サンタ・ムエルテ信仰の脱-近代性（自然・エコロジー志向）を支える「自然の4つの基本要素」のコンセプト自体にそぐわないようにも思われる。しかし，供物としてはかなりひんぱんに観察される。祭壇に供えたり，聖像に貼りつけている事例によく遭遇した。紙幣の場合，なぜか米ドル札ばかりであった。密接に連動しつつも自国の通貨より「強い」米ドル（2012年現在ではもはや「強い」とは言い切れないが）の方が，お供えに適しているだろうという，なかば現実的，なかば自虐的な認識の表れでもあろうか。

　貨幣はビジネスの成功を願う際に供えると効果があるとされている。自営業に限らず，ビジネス関連の願い事全般でよく用いられている。貨幣の奉納は，信仰のコンセプトとの整合性を脇においても経済的な成功を実現したいという，即物的・世俗的な欲望の反映とも考えられる。信者の数が増えるにつれ，このような供物も承認されるようになったようだ。

　他の宗教における賽銭や寄進・寄付と同様，貨幣が祈願成就の対価とみなされるわけではなく，紙幣・硬貨の別や金額に大きな意味はない。ただし，サン

タ・ムエルテの側では「金額」を別の意味で気にするらしい。現金商売の店を営む信者であれば，1日の終わりにその日の全売上金を，いっさい手をつけずにそっくり祭壇に供える。しかし翌日の開店時までには片づけなければならない。しまうのを忘れて放置すると運気が遠のくとされるだけでなく，サンタ・ムエルテが「この信者はこれ以上の収入を望んでいない」と判断してしまう恐れがあるそうだ。

目下失業中ないし転職を希望している人なら，金額はいくらでもよいので，ともかく一度祭壇に供えた貨幣を最長21日間動かさずにおく。もし21日以内に職が決まれば，その時点ですみやかに供物を下げる。21日経っても職が決まらなかった場合は，いったん供物を下げてから，改めて用意した新しい貨幣を置くのがよいとされている。この「21日間」というサイクルは，先スペイン時代に使われていた長期暦（太陽暦：「ひと月20日間の月×18か月＋約5日間の暗黒日」を1年とする暦）の「月」感覚と関係があるのかもしれない。

また最近では，本物の貨幣ではなくコインチョコ（硬貨のように薄い円形のチョコレートを金色のアルミホイルで包んだもの）を供える事例も増えている。

ハーブ・薬草類　ソノーラ市場のサンタ・ムエルテ・グッズ・ゾーンには，実に多種多様なハーブ，薬草類が置かれている。悪運や不幸を祓い，状況を変えたい時に広く使われる。以下，供物に使われる代表的なものを紹介しておこう。いずれも一般的にいわれているハーブ・薬草の効能に，サンタ・ムエルテ信仰独自の解釈がプラスされている。

アルバアカ（バジルの一種）は失われた金銭運をとりもどし，安定収入を確保したい時に使われる。また，何らかの障害があって願い事がうまくサンタ・ムエルテに通じないというような時，自分の思いを代弁する供物として祭壇に捧げる。これによって，祭壇がサンタ・ムエルテと「常時接続」の状態となり，コミュニケーションが潤滑になるとされる。

アルカンフォル（カンフル，樟脳）はまさしく「カンフル剤」のたとえの通り，「覚醒」や「復活」と結びつけられている。衝動的な行為によって失敗を犯してしまい，元の状態に戻したいとか，他人に知られる前にミスを挽回したいといった時に捧げると大きな効能があるという。アルカンフォル使用時専用のオラシオンもある。また，自分の落ち度で恋人と疎遠になってしまった時など，白い紙に恋人の名前を書いてアルカンフォルの葉の下に置き，サンタ・ム

市場に山積みにされたハーブ類

エルテに一心に祈れば恋人の心をとりもどせるともいう。
　ロメロ（ローズマリー）は，後退気味の人生をポジティブな方向に変えたい時の必需品といわれている。また，頭の中から悪い考えを払拭し，前向きな選択肢に心を向けさせる効果もあるとされている。
　ミカン科のルダ（ヘンルーダ）は山椒をやや甘くしたような芳香があり，負のエネルギーを無化し，嘘を見抜く力をもたらすとされる。疎遠・険悪になった夫婦なら，相手の状態をよく理解し，関係を修復する助けともなる。
　ラム・ベースのキューバ・カクテル「モヒート」にも使われるイエルバ・ブエナは，葉の形がミントに似ているがくせはなく，食べてもおいしいハーブである。精神の平静と生活の秩序を保ちたい時の助けになる。失恋や事業失敗の際に，心の痛みを和らげたり，忘れさせてくれる効果もある。
　イエルバ・デ・ラ・ウニオンは，限定された条件下でのみ奇蹟をもたらすとされている。もう少しで運が向いてきそうだとか，もう少しで恋の相手が自分

左：市場で売られている輝石／右：クアルソ・ブランコ

の気持ちに気づいてくれそうだ、というような時、イエルバ・デ・ラ・ウニオンの束を祭壇に置くと願いが叶うという。普段は抑圧されている性的願望を叶えるとか、克服できるという説もあるが、こちらの場合は使い方に注意が必要なようである。

宝石・輝石　やはりサンタ・ムエルテ・グッズ・ゾーンに色、質、サイズともに多種多様なものが売られている。透明度の高いものほど供物としての価値があるとされ、どの店でも必ず置いているのがさまざまな色の水晶である。しかし透明度のない輝石もよく使われている。「四大貴石」のダイヤモンド、エメラルド、サファイヤ、ルビーに代表されるような高価な貴石類は供物とされないようだ。

　重用される水晶のうち最も人気が高いのは次の二つである。クアルソ・ブランコと呼ばれる乳白水晶（ミルキークウォーツ）は、悪い考えを頭からとりのぞき、正のエネルギーを長持ちさせる。クアルソ・ローサと呼ばれるピンク色のローズクウォーツは、恋愛・性愛のエネルギーを強めるほか、他人から向けられる邪悪な感情や悪い思い出などによる負の作用から信者を保護してくれる。

その他の供物　必須5アイテムとオプションアイテムのほかにも、家庭・オフィスごとに独自の供物が置かれる。特別な規範はなく、非常によく見かけるキャンデーやチョコレートなどの菓子類から、玩具、願い事に関わる家族や恋人の写真、常用薬（願い事が病気・健康に関わることなのだろう）まで、信者によって実にさまざまである。菓子類は、市販品でもよいのだが、自家製の伝統菓子のほう

市販のお菓子もよく供物とされる

第4章　祭壇の構成

が望ましいとされている。特に，陶製の壺に入れた自家製のチョコレートや蜂蜜を捧げると，心の働きがよくなると信じられている。

祭壇聖化と離別の儀式

　祭壇と供物の準備が整ったら，いよいよサンタ・ムエルテとの「接続」のため，祭壇を聖化する。聖化の一連の儀式は，家族や友人を交えてにぎやかにやるものではない。あくまで祭壇を設ける当の信者がプライベートに，秘密裏に実施しなければならない。以下では，ファン・アンブロシオの記述を参考に，具体的に儀式次第を再現してみよう。

　まず，祭壇の設置日を決定する。1年のうち9月が最適とされている。「9」がサンタ・ムエルテ信仰で「聖なる数」とみなされているためである。これは次章で述べる「ノベナ（9日間の祈禱）」（▶ p.137）と連動しているのかもしれない。次に曜日だが，これは1週間のうち火曜日に限るとされている。しかしその理由については，どの文献にも書かれておらず，筆者の取材でも明らかにならなかった。スペイン語圏では古来，火曜はアンラッキーな曜日とされていたので，別のところから入ってきた概念と思われる。スペイン的・植民地的なものへの反発からの発想でもあろうが，詳細は不明である。

　設置の時間は，朝，昼，夜のいずれかの時間帯を選べばよく，細かい時刻までは定められていない。朝，昼，夜でそれぞれサンタ・ムエルテの放つエネルギーの質が異なるので，信者は祭壇を設置する時点で最も叶えてほしい願い事の内容に沿って時間帯を選択する。なお，いずれを選ぶにせよ，各時間帯の始まる直前（朝なら日の出の直前，昼なら正午直前，夜なら日没直後）に聖化の

左：「お清め」用の自然素材石鹼／右：祭壇の設置日には白い服を着用

儀式を開始しなければならないというきまりがある。

　朝は，昇ったばかりの太陽のエネルギーの振動が地上に最も明確に伝わる時間帯であり，あらゆる種類のトラブル解決を願う人に向くとされる。昼はエネルギーの状態が安定しているので，家内安全や旅行の無事などを願う際に最適とされる。夜は秘密のエネルギーが満ちる時間帯で，他人の心を動かしたり，運命を変えたりしたい時に適しているとされる。いずれも必ずしも科学的な合理性に基づいた規範ではないが，信者が自分の意思や願い事の真摯さを確認するよい機会となる。

　曜日と時間帯を決定したら，前日の夜までに，聖像を含め祭壇の備品や供物をきれいに清拭しておく。その後，できるだけ雑音の入らない静かな場所に祭壇を置き，サンタ・ムエルテとのコミュニケーションを高めるために，普段使っているローションや香水などを全体にさっとふりかけておいてもよい。

　設置当日は，決めた時間帯の直前までに必ず入浴して身を清める。そのさい，できればグッズショップで売っている専用の自然素材石鹸・シャンプーなどを使うようにする。身体が清められたら，洗濯・アイロンしたての衣服を着る。服は新品でなくてもよく，またスーツなど格式ばったものでなく普段着でもかまわないが，上衣の色は白か黒が望ましい（下衣の色は上衣と揃えなくてもよい）。なければ黄色系で代用する。身支度がととのったら，日頃の心配事や時間の経過などに気を乱されないよう，心を冷静に保って儀式に備える。心身ともにサンタ・ムエルテとの交感に集中させるのである。

　いよいよ祭壇の設置にとりかかる前には，家屋内に家族以外の部外者（オフィスなら社外の人間）がいないことを確認する。可能なら1人きりで実施したほうがよい。

　設置作業の順序は以下の通りである。

① 土台（テーブルなど）を適切な場所（▶前記「祭壇の仕様‐設置場所」）に置く。
② 土台の上の適切な位置に，台座として盆を載せるか，布を拡げる。
③ 祭壇設置用のオラシオンを唱える。初心者はあらかじめ紙に自筆で文言を書いておき，それを読み上げてもよい。
④ サンタ・ムエルテとのコミュニケーションを開始する合図として，蝋燭あるいはランプに火をつけ，右手で掲げる。

⑤　ふたたびオラシオンを唱える。
⑥　聖像の位置を決め，蠟燭あるいはランプを右手に持ち，ちょうど聖像の前に来るように置いておく。続いて聖像を安置する。用意があればさらに照明を追加してもよい。
⑦　水をコップに汲んで聖像の前に置き，しばらく状態を観察する。水が濁らず，小さな気泡が観察されれば，サンタ・ムエルテが祭壇を承認したサインである。もし水中にゴミや汚れが観察されたら否認のサインなので，上記①〜⑥をやり直して，祭壇の向きや場所を変更する。
⑧　香を焚く。
⑨　残りの必須アイテムである白い花と土，およびそのほかに用意したオプションの供物を適宜並べる。
⑩　祭壇を設置する目的（自分の願い事）をサンタ・ムエルテに語りかける。設置時間帯に応じた，最も重要な願い事から始める。願い事が複数ある場合はあらかじめ紙に列記しておいてもよい。一つの願い事を語るごとに，それに応じたオラシオン（▶5章）を適宜唱えてもよい。
⑪　願い事やオラシオンは，自分の気のすむまで何度繰り返してもよいが，もし途中で蠟燭や香が燃え尽きたら，火（光）や空気のエネルギーを補充するため，新しい蠟燭や香をつける。サンタ・ムエルテに告げるべきことをすべて唱え終わったら，照明や香は消さずにそのまま放置し，祭壇の前を離れる。

　これで祭壇が聖化＝「初期化」された。この後は祭壇を適宜メンテナンスしていく必要がある。人生の場面場面に応じて願い事が変われば，そのつど願い事の内容に応じた色・属徴の聖像に入れ替えたり，衣装を着せ替える。簡単に着せ替えができるよう，腕から先がとりはずせるようになっている聖像も売られている。聖像が替われば，それに応じて蠟燭や香，花の種類も適宜変えてよい。
　ところで，もしサンタ・ムエルテと縁を切りたくなった場合はどうするのだろうか？　筆者は実際に「縁切り」をした元信者と遭ったことはないが，マニュアルには次のように記されている。
　はじめに，自分の人生・生活にもはやサンタ・ムエルテが本当に不要になったのかどうかを，繰り返し自問してみる。そして，離別する以外に選択肢はな

いということに確信が持てたら，次のステップに入る。

　まず，祭壇のすべて（聖像，台座，供物その他一切合切）が入る大きさの自然素材の壺を用意する。水や酒類などもほかの場所に捨てずに壺の中に入れるので，水分が染み出ないよう，耐水性のあるものにする。聖像が倒れないよう注意しながら，祭壇一式を壺に納める。次に，人目に触れないよう留意しつつ，壺を自宅の庭もしくは山林，山中などの土中に深く埋める。この埋蔵の作業を行う時間帯は特に定められていないが，人目を避ける必要上，また日付をまたがないほうがよいことから，深夜0時過ぎから夜明けまでの間がベストだろう。埋蔵作業の間は離別のオラシオンを唱える。作業を終えて帰宅してからまる1日は，それまでサンタ・ムエルテにいただいた慈悲に感謝するオラシオンを何度も繰り返す。これで離別の儀式は完了である。

　では，縁を切った後，万一気が変わって再びサンタ・ムエルテ信仰に戻りたくなったらどうするか。埋蔵後1日間は，新しく聖像を買ったり，他の信者から譲り受けたりしてはならないが，2日目以降なら祭壇のすべてを新たに調えて信仰に戻ることができる。離別時の重々しさに比べてやや拍子抜けするような簡単さである。

(訪問レポート10) カルサダ・デ・ラ・ビガ大通り：路上の礼拝堂

メキシコ市のソノーラ市場から徒歩15分ほどのカルサダ・デ・ラ・ビガ大通りに「巨大なサンタ・ムエルテ礼拝堂」があるという情報をつかんだ。インターネットでは，メキシコ市内最大の礼拝堂というふれこみである。さっそく出かけていった。

それはカルサダ・デ・ラ・ビガ大通りとホセ・アルガラ通りの角の歩道上に，商店をさえぎるように建っていた。2本の街路樹に挟まれた，露店とみまがうような小屋。広さは6畳ぐらいだろうか。礼拝堂というよりは祠である。どこが「巨大」なのだろう？

背面を除く3面がガラス張りになっており（背面だけ薄い金属板），安置されたサンタ・ムエルテ像は車道側を向いていた。信者が供えたのであろう色とりどりの新鮮な花が祭壇前を飾っている。正面にはガラスを覆う観音開きの鉄格子戸がついており，錠前がぶらさがっていた。供物が盗まれたり祭壇が荒らされたりしないよう，夜間は鍵をかけるのだろうが，側面に石でも投げてガラスを割れば簡単に中のものを失敬できそうだ。しかし，骸骨聖母の祟りはいかにも恐ろしそうだから，誰もそんなことはしないのだろう。地元に根づいた路上の礼拝堂といった印象で，なんともほほえましい。

この礼拝堂から5メートルも離れていない交差点に面して，なんとグァダルーペの聖母礼拝堂があった。由緒ある礼拝堂のようで，規模も「祠」よりは大きいものの，供物がさびしく，人の手の入り方ではサンタ・ムエルテ礼拝堂の方が勝っているように見えた。祭壇上の聖像どうしの共存よりもスケールの大きい，街中における礼拝堂の共存のケースだが，信仰の勢いはサンタ・ムエルテに傾いているようだ。

ガラス越しに聖母と対面

上：礼拝堂は車道に面して建っていた／下：ガラスを割って供物を盗むような人はいない

第4章　祭壇の構成

第5章 儀式と祈禱の文言（オラシオン）

　祭壇という装置が設置されたことで，サンタ・ムエルテとの交信基地ができた。しかし，祭壇を設置しただけでは聖母とコミュニケーションをとることはできない。願い事に応じて各種の儀式を執り行い，祈禱を捧げる必要がある。この章では，願い事に応じた祈禱の文言「オラシオン（oración）」を概観した上で，2つの特徴的な儀式の次第を見てみることにしよう。

願い事に応じた各種のオラシオン

　多くの信者にとって最も普遍的な願いは，正のエネルギーをとりこんで幸運を呼び寄せ，その幸運をできるだけ長く保つことであり，祈願成就の最大の敵は，あらゆるところに存在する負のエネルギーである。だが，負のエネルギーをまったく受けずに生きることは難しい。したがってサンタ・ムエルテに捧げられる儀式では，正負のエネルギーの代謝を高め，できるかぎり負の影響をしりぞけ，正のパワーを最大限とりいれるために，用いるものや儀式次第が細かくとりきめられている。このあたりは，先述の「祭壇聖化の儀式」ですでにおわかりいただけたかと思う。

　祈禱の文言オラシオンも同様で，いくつかの定型を願い事の内容や儀式次第によって使い分ける。これらのオラシオンは，信仰コミュニティの中で代々口承で伝えられてきたもののほか，公刊されたマニュアルなどを通じて普及したものもある。

　オラシオンは用途に応じて二つに大別される。一つは「アラバンサ Alabanza（賛辞，称賛）」と呼ばれる，サンタ・ムエルテを称えるための文言で，1種類だけである。これは最も重要かつ汎用的なオラシオンで，日常の祈禱でも各種儀式でもほぼ必ず唱えられる。もう一つは「ノベナ Novena（9日間の祈禱）」と呼ばれるもので，願い事の内容に応じて文言が分かれており，一つのオラシオンを9日間連続して唱えなければならない。

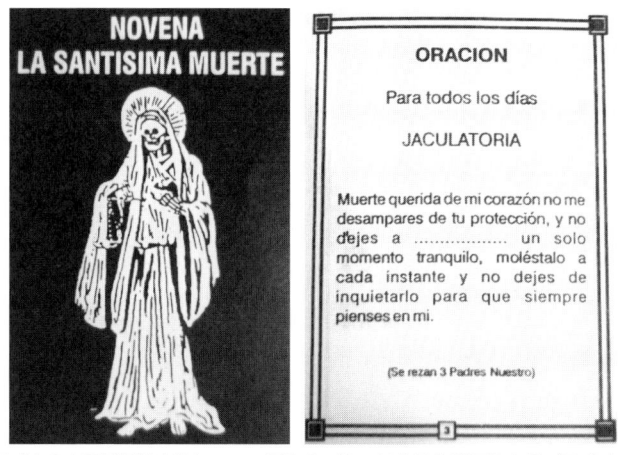

左：ノベナの文言が収録されたマニュアル本／右：ハクラトリアの文言（スペイン語）

ノベナの「9日間」という期間は、1週間を9日間とするギリシャ・ローマの暦や、キリスト教の普及以前からスペインで行われていた「祭日前の9日間の準備期間」の伝統などに起源を持つ。17世紀には『使徒言行録』の聖霊降誕の逸話（イエスの昇天の翌日から9日間にわたり、聖母と120人の使徒が祈りを捧げたところ、10日目に天から聖霊が降りてきた）に基づき、「聖母や聖人の取次で神に特別な願いを届けたい時に行う祈禱」として広まったが、20世紀には一般的ではなくなり、公式の典礼とはみなされなくなっていた。サンタ・ムエルテ信仰がこの消滅しかけていた古い慣習を復活させたのは興味深い。

ノベナは3つのパートに分かれており、導入の文言「ハクラトリア jaculatoria（短く熱烈な祈り）」とそれに続く「ソネト soneto（14行詩）」はそれぞれ定型の1種類だけで、9日間を通して毎日同じものを繰り返す。最後のパートでは、下に挙げるようなリストのなかから願い事に適したオラシオンを選ぶのだが、9日間ずっと定型通りに繰り返すのではいけない。語や文の順序を変えるなどして1日ごとに文言に変化をつけ、9日間すべて異なる唱え方をする必要がある。最後のパートで唱える定型文言の総数は、各種異説はあるがおおよそ21〜26とされている。その基本的・代表的なものを以下に挙げる。

- 幸運が長く続くよう祈るオラシオン
- ビジネスでの成功を願うオラシオン

- 悪運をしりぞける，悪癖を克服するオラシオン
- 障害をとりのぞくオラシオン
- 借金や負債の清算を祈るオラシオン
- 金銭運の向上を願うオラシオン
- 健康維持・病気快癒を祈るオラシオン
- 愛する人に愛されるためのオラシオン
- 愛する人に訪れた幸運を祝福するオラシオン
- 揉め事や裁判などでの勝利を祈るオラシオン
- 家族の無病息災を願うオラシオン
- 家庭不和の解決を願うオラシオン
- 他人の羨望や嫉妬から身を守るオラシオン
- 敵対者の攻撃からの庇護を願うオラシオン
- 平和と調和を願うオラシオン
- 旅先での安全を祈るオラシオン
- 「死者の日」に唱える祖先供養のオラシオン

　なお，ノベナにはほかに，前章で述べたような祭壇設置時や離別時専用のオラシオン，後述する「新年の儀式」や「最強の儀式」で唱えるオラシオンなど，特定の儀式でよく用いられるものがある。
　オラシオンは，広義にはすべての祈禱文言の総称だが，狭義にはアラバンサだけを指すこともあり，まだ概念として完全に固まってはいないようだ。また実際の儀式の場面ではアラバンサとノベナ用の文言を組み合わせることもあり，用い方はフレキシブルである。
　また，こうしたオラシオンにはそれぞれいくつものバージョンがあり，どれが正統だとか，どれが最も古い／新しいとか，どれがいちばん効果があるといったことを考えるのはあまり意味がないようだ。そして，たとえ定型の文言を祈禱の途中で忘れてしまっても，己の気持ちを嘘いつわりなくサンタ・ムエルテに伝えようとする真心さえあれば，即興的に自分の言葉で続けてよいのである。つまりオラシオンの定型は，信者に暗記・暗誦を強制するたぐいのものではなく，あくまでもサンタ・ムエルテに祈禱を捧げるためのひな形のようなものといえる。

🌹 新年を迎える儀式

家庭やオフィスから負のエネルギーを排出し，幸運の源となる正のエネルギーを呼び込むルートを開く最も簡単な方法は，「掃除」である。1年間に溜まった汚れを年末に一気に落とす日本の「大掃除」と同様，サンタ・ムエルテ信仰でも大晦日から元旦にかけて，新年を迎えるための「掃除の儀式」を行う。1年の間に蓄積してしまった負のエネルギーをすべて排出し，悪霊を追い払い，新年とともに訪れる新鮮な正のエネルギーを招き入れるという発想である。季節の変わり目に発生する邪気（鬼）を祓い，新春のエネルギーを呼び込む追儺（ついな）（もとは中国の宮中行事で，節分の起源）とよく似ている。

以下ではこの「掃除の儀式」の詳しい段取りを，ある信者団体の機関誌（『ラ・サンティシマ』No.20，2006年2月15日号）に基づいて紹介しよう。

第一段階（12月1日）：アイテムの準備　まず，12月1日の夜9時までに，以下の5アイテムを用意する。

① 一部が欠けたりしていない，完全な形状のローレルの葉21枚
② ゼラニウムのエッセンス（グッズショップで購入できる）21滴以上を入れたガラスか陶製の小さな容器
③ 3リットルの水が入るガラスの耐熱容器（自分の両足を浸けられる大きさのもの）
④ 白色の蠟燭
⑤ 白のサンタ・ムエルテ像

「21」という数字は，前章で述べた長期暦（太陽暦）の日数に基づいて定められたものと思われる。

夕食は9時までにすませておくか，この日にやるべきことをすべて終えてから摂る。その際，日中に作り置きしておいたものを食べるか外食するかして，できるだけ夜に自宅の台所は使わないようにする。聖像はきれいに清拭しておく。

9時前に入浴をすませ，清潔な服に着替えた後，9時きっかりに白のサンタ・ムエルテ像を祭壇に置き，上記の①〜④をその前に並べる。白い蠟燭を灯し，アラバンサを唱える。翌日以降も毎夜9時にアラバンサを唱える。こうす

ることでサンタ・ムエルテに正のエネルギーが少しずつ蓄えられてゆく。

第二段階（大晦日前の12月最後の木曜日）：儀式の下準備　大晦日前の12月最後の木曜日、やはり夜9時に開始する。まず③の耐熱容器に水を入れ、①のローレルの葉を加えてコンロで熱し、沸騰させる。水が蒸発して半分にまで減ったら火を止め、熱湯の入った容器を祭壇前の床に置き、手を入れられるくらいになるまで湯を冷ます。冷めたら裸足の両足を湯につけ、②のエッセンスをふりかけながら、両足ともまんべんなく洗う。その後は足を浸したままの状態で、10時までアラバンサを唱え続ける。

　10時を過ぎたら湯から足を出し、拭かずに濡れたまま外へ出る。裸足で、サンダルやゴム草履、ミュールなど、足を完全に覆わないものを履くようにする。またこの時点では、足をつけていた湯は捨てずに置いておく。

　外出時は飲食店などに行ってもよいが、必ず1人きりで行動し、深夜0時になったら自宅に戻る。信者の多くは映画館や公園などで時間をつぶすようだ。家に着いたら、入る前に足の状態を確認する。まだ十分に乾いていないようなら、自然に乾くまで外でさらに待つ。濡れた状態で家に入ったり、タオルなどで拭いてはならない。

　足が乾いたら家の中に入り、玄関のドアをしっかりと閉める。次に、祭壇から聖像だけをとりだし、玄関の床に直接、もしくは玄関のドアに平行して置いたテーブルの上に、外を向いた形で安置する。アラバンサを手書きで記した紙を一緒に置いてもよい。聖像は大晦日の儀式が終了するまでそのままの状態にしておく。これで、新年1月1日の日の出とともに、玄関から幸運だけが家の中に入ってくるとされている。この時には十分冷めているはずの足を浸けた湯は、一滴も残さず風呂場に流すか、玄関から十分に離れた庭先などに生えている木の根元に捨てる。

第三段階（大晦日）：掃除　いよいよ大晦日の大掃除である。まず以下の材料を揃える。

① 　黒のサンタ・ムエルテ像（祭壇に安置しておく）
② 　パセリの束
③ 　スプレータイプの中性洗剤
④ 　床などを洗浄するためのアンモニア入り洗剤
⑤ 　箒(ほうき)

①メキシコでパセリといえばイタリアン・パセリを指す。料理にも、サンタ・ムエルテ信仰にも欠かせない
②ローション#7
③黒の衣装の聖像（手にしているのは宝箱か）
④料理にもよく使われるレンテハ（lenteja）＝レンズ豆

第5章　儀式と祈禱の文言（オラシオン）

⑥　水を入れたバケツ
⑦　雑巾数枚
⑧　香（種類は自由）
⑨　ローション#7（商標名。市場で買える）
⑩　レンズ豆（ヒラ豆）1キロ

　12月31日の朝9時きっかりに家中の掃除を始める。いったん始めたら休憩をとらず，電話にも出ずにやりとげなければならないので，あまり力まず，適当に力を調整しながらやるのがコツである。

　はじめに掃き掃除をする。平屋なら家の中心，あるいは一番奥まった場所から，外に向かって箒でゴミを掃き出す。2階建て以上の場合，上階から始めて下階へと移動する。掃き出したゴミは外の一箇所に集め，黒いゴミ袋に入れる。

　次に，バケツの水にアンモニア入り洗剤と「ローション#7」を入れて洗浄液を作る。これを雑巾につけ，床，続いて壁，家具，窓などを順次ていねいに拭いていく。日本ではアンモニア洗剤を掃除に使うことはあまりないが，メキシコやヨーロッパでは非常にポピュラーな洗剤である。独特の刺激臭をやわらげるためにローションを混ぜるわけである。

　掃き・拭き掃除が終わったら，パセリ束による「隅っこ掃除」を行う。パセリには浄化のパワーがあるとされており，大掃除には欠かせない。どうしても手に入らなければ小さな箒で代用してもよいが，負のエネルギーを除去する効能は低くなる。水を替えたバケツにパセリ束を浸した後，これに中性洗剤を軽くスプレーし，家中の隅という隅を拭いていく。パセリの葉先にゴミが溜まったら，バケツの水ですすぎ，再び洗剤をスプレーして繰り返し使う。どうしてもパセリ束でとれない汚れには，とりあえず中性洗剤を直接かけておく。

　さて，ここからが儀式の最も重要な部分である。まず黒いサンタ・ムエルテ像を祭壇からとりだし，中性洗剤をスプレーし，新しい雑巾で全体をていねいに清拭する。あまり強くこすると塗料が剥げてしまったりするので力加減に注意する。次に，聖像を両手でしっかりと持ち，アラバンサを大きな声で唱えながら，掃き掃除をしたのと同じ順に家中を巡る。この時，できれば家族など同居者全員が列になって続き，みなでアラバンサを唱えるのが望ましい。これで家内の悪霊・負のエネルギーは完全に祓われる。

　祈禱が終わったら，聖像を玄関の朝と同じ位置に戻す。掃除に使用したすべ

ての道具は屋外に出す。同時に同居者全員で外に出て，互いにパセリ束で全身を祓いあい，自分たちについた悪霊も追い払う。きれいになった家の中に悪霊や負のエネルギーを再び持ち込まないようにするためである。

最後に，身体を清めたパセリ束も含め，掃除に使用したすべての道具を黒いゴミ袋に詰め，口を固くしばって捨てるか，あらかじめ庭などに掘っておいた穴に埋める。この際，次のようなオラシオンを家族全員で繰り返し唱える。

> サンティシマ・ムエルテ［サンタ・ムエルテ様］，偉大な力の持ち主よ，
> 私（たち）を助けるために神から派遣されし存在よ，
> すべての悪のエネルギーを遠ざけ，
> すべての悪行や悪人が近づかないように，
> 病気や怪我から私（たち）を守るために顕現される存在よ，
> あなた様の力で，あらゆる新たな不幸の種が
> この家に入りこまないようにお護りください，
> 父と子と聖霊の御名により，アーメン。

この儀式のしめくくりのオラシオンはカトリックの三位一体のコンセプトを反映しており，キリスト教との習合の一端を示している。

唱え終わって玄関から室内に入る時には，節分の豆まきの要領で家中にレンズ豆を撒く。豆の残量を見ながら，隅々にまでまんべんなく撒くのが望ましい。撒いたレンズ豆はすぐに片づけず，少なくとも元旦の1日いっぱいはそのまま放置する。これを確実に実施すれば，1年を通して金銭に困らなくなると信じられている。

❀ 最強の儀式

目的別にさまざまなオラシオンがあるように，儀式の次第も実に多様である。そのなかでも「最強の儀式」と呼ばれる式次第を最後に紹介しておこう。他の儀式に比べて段取りが複雑であり，通常は1体しか使わないサンタ・ムエルテ像を3体同時に使う点でも極めて特殊である。3倍のパワーがもたらされるということなのだろうが，それでも望むべき霊験が顕れなかった場合にはもはや

信仰に絶望することもありうる。したがって安易に行うべきものではないとされている。

　まずは以下のものを準備する。

- 白あるいはアイボリーのサンタ・ムエルテ像1体
- 黒のサンタ・ムエルテ像1体
- 赤のサンタ・ムエルテ像1体（以上の3体の聖像は，特別大きなサイズでなくてもよいが，できれば3体ともおおよそでも同じサイズに揃える）
- 陶製の香炉
- 自分で調合した香（松脂，ミルラ，エゴノキを混ぜたもの）
- この儀式のために新たに用意した白色の蠟燭
- 陶製の蠟燭立て
- この儀式のために新たに用意した，黒糸（できれば羊毛）で縁どりされた白のテーブルクロス
- トルティーリャを炭状になるまで焼いた灰（黒くなるまで焼いたトルティーリャを細かく砕いたもので，粉墨として使用する。4回以上繰り返し自分の名を書くに十分な量を用意する）

　この儀式も「ノベナ」同様，できるだけ聖なる数字「9」に対応した日時に実施する。9月9日の夜9時が最も望ましいが，この数字合わせにあまりこだわると実用性が薄れるので，最低でも夜9時を厳守するようにし，月日は無理のない範囲で設定してもかまわない。儀式の日どりを決めたら，祈願者はその日1日肉食を避ける。特に赤身の肉はタブーとされている。またアルコール類は一切飲んではいけない。儀式の前にはあらかじめ入浴して身体を清潔にしておく。

　まず祭壇の準備である。台座の上に白いテーブルクロスを広げ，陶製の香炉に調合香を少量入れる。火をつける前にこの香を手でひとつまみし，額の前で捧げる。ちょうど日本の仏式葬儀における焼香の作法と同じである。そして香炉をテーブルクロスの中央に置く。

　続いて3体の聖像を，香炉を中心点にして三角形を形作るように安置する。最初に香炉の向こう側に白（ないしアイボリー）の聖像を置く。次に，自分か

ら見て左側に黒の聖像を，最後に右側に赤の聖像を置く。3体の像の顔はすべて自分の方を向くようにする。

　ここまで準備できたら，ノベナの「第6番(セスト)」のオラシオンを唱え，陶製の蝋燭立てに白い蝋燭を立てて火を点ける。先に述べたように，ここで唱える「第6番」に限らず，すべてのオラシオンには多数のバージョンがあるが，以下に挙げる定型はそのなかでも簡潔にまとめられている一つである。

オラシオン「第6番(セスト)」
おお，栄光と力に満ちた聖母のなかの聖母，サンタ・ムエルテ様。
私の願いを斟酌し，私のもとに降臨され，一体となり，願いを成就してください。
聖なる死の聖母であられるあなた様は無敵の存在ですが，○○○○（自分の名を挿入）は
あなたという味方なしでは歩き回ることはもちろんのこと，食べることも，
眠ることも享受できないはずです。だからどうか私のことだけをお考えください。
そしてあなたの愛に満ちたお慈悲で，どうか私に幸運をお授けください。
アーメン。

　蝋燭の炎が安定したら，蝋燭立てを白（ないしアイボリー）の聖像の背後，すなわち像にさえぎられて自分からは見えない位置に置く。そして以後9分間，自分の願い事に即したオラシオンを唱え続ける。9分経ったら，トルティーリャの灰を手許に用意する。白の聖像を左手で持ち上げ，右手で灰をつまみ，像が置いてあった位置に灰墨で自分の名前を書く。書き損じると儀式を最初からすべてやり直すことになるので，慎重に，集中して書かなければならない。慣れない人は儀式の前にあらかじめ練習しておいたほうがよいかもしれない。
　ちなみに灰を使ったこの描法は，アメリカ大陸南西部の先住民族ナバホの祈禱師が病気の治療などの際に使う砂絵の儀式に通じるものがある。ナバホの祈禱師は希望する色の砂が手に入らない時に，炭になるまで焼いたトウモロコシの粉を代わりに使い，病人の守り神(トーテム)に関わる意匠を描くという。またメキシコの「死者の日」にも，祭壇や墓地を飾るのに砂絵が用いられることがよくある。
　さて自分の名前を書き終えたら，ちょうどその文字を隠すように白の聖像を

元の位置に戻す。再び9分間願い事のオラシオンを唱えてから、右側にある赤の聖像について同じ「灰文字」の作業を繰り返す。終わったらやはり9分間オラシオンを唱え、最後に左側の黒の聖像についても同じ作業を行う。この作業のポイントは、3体のサンタ・ムエルテ像が必ず灰墨で書いた自分の名前に触れるように置くことである。

次に、白のテーブルクロスを自分の手前の端からめくりあげ、その下に現れた台座にも同様にトルティーリャの灰墨で自分の名前を書く。ただしこの時は、自分の名前の上下に「サンタ・ムエルテ、あなたの名前はサンタ・ムエルテ」という文言も書き加えねばならない。書き終えたらテーブルクロスを元の状態に戻す。

いよいよ最終段階に入る。まず自分が最上の供物と思えるものを1点だけ献じる。これは市価や俗世の価値には関係なく、花でも、食べ物でも、お酒でも何でもよい。しかるのち、普段使っている日常の世俗の言葉で一心不乱に願い事を唱える。最後に結びの言葉として、「サンタ・ムエルテのご加護がありますように」と付け加える。

なお、この儀式全体を通じて、香と蠟燭の火が絶えないよう常に注意しなければならない。あらかじめ予備の香と蠟燭を十分に用意しておくか、蠟燭に関しては最初から長時間用の大きなものを使うことが推奨されている。

このように儀式次第が少々込み入っているが、「最強」の名にふさわしく、全過程が適切に実施されればその効力は最長1年間は続くとされている。しかし一方で初めに述べたように、失敗したら「もう打つ手がない」ということにもなってしまうので、願い事の重要性や実施の是非を慎重に検討してから行ったほうがよい。

終章 生と死のコンタクト・ゾーン

　サンタ・ムエルテに願をかける方法は実に多様である。公開礼拝堂に参詣するという最もシンプルでリーズナブルな方法から，自宅に祭壇室を作って趣向を凝らした聖像を祀り，本格的な儀式次第を執行する方法まで，それこそ信者の数だけあるといえる。また一つひとつの祈禱の形も，それぞれの信者の願い事や心配事，欲望や不幸の数だけあるだろう。祈禱の際に唱えられるオラシオンにも無数のバージョンがあり，必ずしも定型通りでなくても，信心さえあれば「骸骨の聖母」は聞き届けてくれるとされている。総じてこのフレキシブルさが，サンタ・ムエルテ信仰の伝播や普及に大いに貢献しているようである。
　そうした信仰の性格や，1章で解説した起源の問題をいったん脇に置き，純粋に美術の表象としての普遍性を考察するなら，サンタ・ムエルテの図像やイメージは，18世紀頃の西欧で生まれたゴシック文学・美術における廃墟趣味から，19世紀建築のゴシック・リバイバル運動などへと至る「死の美学」の系譜上にあると考えられる。少なくとも筆者はサンタ・ムエルテとの邂逅の時点でそのように直感した。
　この直感に基づいて調査を始めた当初は，生成発展の途上にある図像表現を体系的に把握し，その図像学を構築しようと意気込んでいた。ところが実際に取材を重ねてみると，筆者のそのような思惑を超えた，サンタ・ムエルテ独特のいかがわしさと奥深さ（一面ではそれこそが信仰の神秘でもあるのだろうが）に阻まれ，図像学といえるほどの体系を探りあてることはできなかった。まずその起源がさっぱりつかめない。さまざまな起源説を分析しているうちに，その「偽史」的な性格に苛立ちすら覚えた。起源を確定するためには，各説の発展，変遷，変容，習合といった「変化」を特定していかねばならないが，ことサンタ・ムエルテに関しては，それら西欧由来の美術史の考え方の前提となる「時間」の概念が通用しないことが多すぎるのである。そしてこうした歴史性のあいまいさとは，ひるがえせば民衆文化の一特性ではあるのだが，正直，「これでは起源も何もあったもんじゃない！」と，美術史の世界の住民として

許しがたい気持ちがすることすらあった。

　しかし，サブカルチャーとアートの境界線が自明ではなくなって久しい21世紀において，古い考え方をしているのは筆者の方であり，サンタ・ムエルテは既存の美術史の枠組みを超えた「新しい表現」を創造しつつある美術の最先端なのかもしれない——取材と調査を通じて，次第にそう感じるようになった。たとえば本文で紹介したCGによる平面図像などは，作った当の信者たちはほとんど模倣の自覚がないが，明らかに日本のマンガやアニメの技法の影響を受けている。その意味ではアートの領域を侵犯し続けるサブカルチャーの好例でもあり，太平洋を越えて「オタク文化」の世界が伝播していることを感じさせもする。

　美術の問題として一定の体系化が唯一可能だったのは，サンタ・ムエルテ像に使われる色の記号性だった。しかしこれも実際の取材の過程ではずいぶん手こずった。家の中や祭壇の奥を無遠慮に覗き込もうとする部外者に対して，自分や家族の守り神である大切な聖母の秘密を守ろうと，ひどく警戒する信者も多かった。取材を申し込んですげなく断られ，眼前でドアや窓をピシャリと閉められた感覚がいまも鮮明に残っている。しかも，実際の図像を集め，そこから，使い古された抽象的な概念——愛，平和，純潔性といったもの——を抽出するのは容易ではなく，信者たちが本当はどのようなことを考えて記号を操っているのか，推し量り，言葉にするのは困難をきわめた。色は光の影響を多分に受けるので（というより光の作用そのものなので），その再現にも課題が残る。手元にある図像や写真のコレクションを改めて見直すと，サンタ・ムエルテを彩る11色のどの色も，実際に現地で目にした時の鮮やかさや深みに欠ける感は否めない。それらの色の表象の背後に隠された精神性にはまだまだ到達できていないという忸怩たる思いがあるのも確かだ。ともあれそれでも，本書での「色」の考察を軸に，サンタ・ムエルテと日本の「招き猫」の色彩表象を比較するという試みにも挑戦することができた（関心を持たれた読者は加藤［2011］を参照されたい）。

　サブカルチャーとアートが限りなく接近しているとはいえ，一般にアート研究といった場合には，基本的にはその対象はいまだメインストリームのアートである。しかしそこに「民衆文化」という視点が導入される時には，権力に裏

打ちされたメインストリームの文化に対峙した民衆の表現行動をすべてひっくるめて「アート作品」とみなす態度が前提となる。民衆はメインストリームの文化に対し，反発・離反・断絶することもあれば，同化と継承を含みながら部分的な差異化をはかることもある。その結果一定の形をとった民衆文化が，商業的な回路を通じてメインストリームの文化に吸収され，記号となって消費される場合もある（その時にはもはや「民衆文化」ではなくなっているともいえる）。それら多様なプロセスの連鎖のなかに立ち現れる民衆の表現のすべてを，「アート作品」として同定する営みが「ポピュラー・アート研究」であるといえるだろう。

　ひるがえって，ラテンアメリカ，あるいはメキシコのアートの世界において，「正統な」（すなわちメインストリームの）図像が民衆の介入によって差異化され，その表象が社会的に認知されて新たな記号として消費され，そこから新しい表現や言説が生まれ，いままでとは異なる民衆の行動原理となる，といったようなシナリオに対応した現実がこれまで果たしてある（あった）だろうか。「グァダルーペの聖母」図像などはその典型と考えられるふしもあるが，いまだ推測の域を出ない。

　一方，サンタ・ムエルテは明らかにこのシナリオから外れている。逆に図像学的に非正統とされてきた「骸骨聖母」の表象が，信仰の縦糸に貫かれた差異化と社会化のプロセスを経て，現代メキシコ民衆の生の原理となるに至ったのである。「死の表象」が反転して「生の原理」となるという意味で，サンタ・ムエルテには日本を含む世界中の多くの若者を惹きつけるゴス・カルチャーと通底するものがある。

　サンタ・ムエルテにおける骸骨の聖母像を「死の表象」と見た場合，この現代メキシコのポピュラー・アートはわれわれに何を語りかけてくれるだろうか。
　西欧的な「他者」へのまなざしが抱えていた問題をめぐり，「ポストコロニアル」の議論が顕在化してきたのは1970年代末のことである。それから30余年，いまや文化が複数存在すること，西欧文化も決してそれらの頂点に立つ普遍的なものではなく，数ある文化のうちの一つにすぎないこと，あらゆる文化の存在と同様，西欧文化も非西欧文化という「他者」から何がしかの影響を受けて混淆と変容の歴史を重ね，その結果として現在の西欧文化があるというこ

とが，ようやく広く認知されつつある。ポストコロニアルの議論がめざした西欧‐非西欧の力の非対称性の脱構築は，「西欧の知の普遍性」という呪縛からの解放，西欧中心主義の終焉を言挙げすることとなったのである。

　しかし一方で，過去長らく支配的だった西欧中心主義的世界観は，われわれの死生観にもいまだ色濃く投影されている。西欧近代は「生」に絶対的な価値を置き，理解不能な「死」を限りなく遠い彼岸に押しやることでその死生観を正当化してきた。「生」が美であるならば，「死」は醜の極致である。この死生観は広く現代世界（とりわけ都市部社会）を覆い尽くし，「死」はわれわれの日常から切り離された次元に隔離されるべきものとなった。病や事故によって死を迎えた，ないし死を間近に控えた人間の身体は，病院，死体安置所，葬儀場，墓場など，できるだけ生者の目に入らない場所に送られ，人知れず処理される。現代においては，死者の身体性はほぼ不可視である。その不可視化にはマスメディアの操作（マニピュレーション）も荷担している。2011年3月11日に東日本を襲った震災の後，ネット上の一部の情報を除けば死者の姿も動物の遺骸すらも徹底して隠されたことにもそれは現れていよう。そもそも死それ自体，医学の進歩と肥大化する医療産業，そして情報産業の邪知によって管理され，「いつ，どのように死にたいか」を含めた本人の意志は重んじられにくくなっている。

　しかし，「死」を隠したことによって，果たしてわれわれの「生」は充実しただろうか。現代日本社会では，働きづめで壮年期を終えれば，待っているのは定年退職後に勤続年数以上の長きにわたって続く孤独な老後，貧しい福祉・介護政策，「老々介護」の厳しい現実である。一方「就活」のプレッシャーに脅える若者たちは，未来への希望を抱きようもなく，この不況下では老後の「厳しい現実」にたどりつく前に力尽きてしまう。「死にたくなければ稼げ」とでもいわんばかりの思潮のなか，年間3万人以上もの人々が自殺するわれわれの社会は，「生」の喜びよりも「死」への不安や恐怖に支配されているといえるのではないか。

　分断された「生」と「死」がふたたび出遭い，それによって「生」の喜びが横溢する時代は訪れるのだろうか。それは現代における「死」の復権を意味するのだろうか。それはわからない。だが，サンタ・ムエルテの図像表現に見られる「死」の表象が，「生」の原理に何をもたらすかを考えるにあたり，ここ

ではひとまず,「接触領域(コンタクト・ゾーン)」の機能に積極的な意味を見ようとする新しい研究動向に注目しておきたい。

　文化研究における接触領域(Contact Zone)とは,異なる文化が相互に作用を及ぼし合う領域を指し,近年,そこで新たな創造活動が興ることに着目した研究が増えつつある。ラテンアメリカの場合,圧倒的な支配権力であった西欧植民地の文化と,アメリカ大陸土着の文化が接触し,互いに侵犯しあう間文化的な領域が各地に生じ,ハイブリッドな文化表象を生み出してきた。美術の世界では特に,美術館,博物館などの文化諸施設を,同時代の西欧美術と非西欧美術の間の対話・接触・侵犯を可能にする交差路的な場として捉える際に用いられる概念でもある。その背景には,帝国主義体制の政治力・経済力を誇示する形で整備されてきた美術館・博物館のあり方を見直し,歴史的使命を終えた作家や作品の「墓場」ではない,21世紀の対話型文化施設を提唱するという思考がある。

　本書で探究してきたサンタ・ムエルテの世界も,生と死が相互に作用を及ぼし合う一種の「接触領域」といえるかもしれない。骸骨の表象が意味するものは,限りなく「生」に近い死であり,限りなく「死」に近い生である。多種多様な図像の一つひとつに,メインストリームの文化とサブカルチャー,権力(教会,国家……)と民衆,正統と逸脱,伝統と創造が入り混じるサンタ・ムエルテの世界は,それぞれの図像とその起源があたかも入れ子細工のように重なり合った,正体不明のハイブリッドな表象といえる。

　コンタクト・ゾーンとして「骸骨の聖母像」を捉える時,それは決して「死」への誘いを意味しない。本書で見てきたように,サンタ・ムエルテの図像には,信者たちの生への激しい欲望とエネルギーが,時にひそやかに,時に剥き出しに結晶している。かれらの表現を駆動しているものは明らかに「生」であり,人々は「骸骨の聖母像」を心から愛し,「生きるために」その力にすがる。そのように考える時,サンタ・ムエルテをめぐる現象と表現は,既存の共同体が提供するあらゆる「救済」に飽き足らなくなった現代の声なき民衆が,「死」を「生」に反転させる表象をもって,高らかに「生」を宣言している姿にも見えるのだ。

エピローグ

　本書執筆のきっかけは，2007年に発足した神奈川大学共同研究プロジェクト「世界の色の記号に関する実証的研究——自然・言語・文化の諸相」に，共同研究分担者として参加を要請されたことに始まる。まずはお誘いいただいた同大学人間科学部の三星宗雄教授に感謝したい。このプロジェクトで中南米の「色」に関する論考を担当することとなり，ふさわしい題材を模索している時に，ふと，すでにかれこれ30年も前から気になっていたサンタ・ムエルテのことを思い出し，まずはインターネットで情報を集め始めた。

　共同研究の成果はすでにまとめられており，筆者の論考もそこに収録されているが（加藤［2011］)，本書ではさらにその後の研究と考察をもとりいれた。それは一言でいえば，サンタ・ムエルテの図像表象に，既存の〈芸術〉(それは一つの社会システムでもある）に変容を迫る革新的な要素を見出したということである。その概略は「終章」で述べたが，今後の理論化への一つの方向性を示唆したにとどまる。

　調査を開始して以来，成果をまとめはじめる2010年までの4年間に，メキシコの政情は大きく変化した。その発端は国民行動党（PAN）のフェリペ・カルデロンが大統領に就任した2006年末，勢力を増し続ける麻薬組織の撲滅を宣言したことだった。取締にあたる政府軍・警察と，それに対抗する麻薬組織の対立は次第に激化し，麻薬には何ら関わりを持たない多数の一般市民をも巻きこんでの凄惨な抗争へと拡大していった。特に，それまで治安の安定していた地方都市での虐殺事件が多発し，2007〜11年の5年間でこの「麻薬戦争」に関連した死者数は総計4万人を超えたともいわれている。そのほか，全国人権委員会の把握しているところでは，麻薬がらみの誘拐，失踪，行方不明者数も5000人以上に達している。

　この事態に対して，安全で平和な日常生活を奪われた市民が立ち上がる。全国で同時多発的・大規模なデモが実施され，大勢の人々が「NO＋Sangre（もう血はいらない）」のロゴマークが描かれた旗やプラカードをかざして行進し，麻薬撲滅作戦によって社会を破壊しているとして，カルデロン大統領の辞職を

麻薬がらみの暴力に抗議する人々のデモ
(CIP Americas Program [www.cipamericas.org/] 2011年6月30日配信)

要求し続けている。

　さまざまな起源説やその異形性のためもあって「悪魔崇拝」だとか「犯罪者のカルト」とささやかれてきたサンタ・ムエルテ信仰は、「プロローグ」でもふれたように、確たる根拠もなく麻薬業と結びつけられることも多い。麻薬戦争を契機にその傾向はいっそう強まっている。濡れ衣を着せられることを恐れる信者たちは、祭壇を隠し、胸に提げた御守が見えないよう襟を深く閉じるようになった。すでにあるパブリックな礼拝堂を除いて、サンタ・ムエルテ信仰は再び地下に潜行し、密かに受け継がれるものになりつつある。一方で、官憲に追われ拠点を移さざるを得なくなった麻薬業者たちが、体制の「外」にある最後の救い主として「骸骨の聖母」を求めた。その結果、かれらの移動に伴ってサンタ・ムエルテの信仰と図像が拡散するという状況が生まれている。また、抗争の犠牲となった人々の家族や遺族の間にも、法もモラルも既存の宗教も超えた救いを求めてサンタ・ムエルテにすがるケースが増えているようだ。信仰の不可視化の傾向がある一方で、逆に信者数や信仰の輪は地下で広がり、図像表現もますます多様化する様相を見せている。今後の展開をひきつづき見守りたい。

　メキシコの民芸品やポピュラー・アートには、日本では絶対に見られない色彩感覚があり、手にした者、現地を訪れた者を驚嘆させる。西欧的な知の埒外にある色彩の氾濫は、メキシコ民衆文化の真髄の一つといえる。サンタ・ムエルテの図像もまた、色彩の点では明らかにその懐から生まれたものであることは、本書に挿入したカラー図版からもご理解いただけるかと思う。長年メキシ

コ美術研究に携わってきたなかで，このような「メキシコ民衆文化の本流を受け継ぎながらも新しい」ポピュラー・アートの生成の場面に立ち会えたことは非常な幸運であった。

そうした「生成の場面」を目撃するための現地調査につきあってくれ，さまざまな情報を提供してくれたテピート生まれの写真家・版画家ミゲル・スニーガ氏に深く感謝している。ミゲルの友人の弁護士ギエルモ・ファレス氏とミゲル・プエブリータ氏は，ミゲルに代わってテピート内をボランティアで案内してくれた。そして，ミゲルとの出会いのきっかけを作ってくれたメキシコ市ルス美術館の副館長ピラール・コントレラス氏と，同美術館スタッフのレティシアさんにも大変お世話になった。

テピートに深く根づいたサンタ・ムエルテ信仰の生き証人ともいえる礼拝堂の管理人ドニャ・ケタ（エンリケタ・ロメロ・イ・ロメロ夫人）は，テピート内の取材に全面的に協力してくれた。プエブラでショップを経営するビクトル・ミゲル・サンチェス・サラテ氏には，数々のご教示をいただいた上に入信儀式まで授けてもらったが，いまのところまだ海を越えての霊験のほどは定かではない。メキシコ国立美術研究所（IIE）のレティシア・ロペス・オロスコ研究員には，テレビ番組の録画やDVDの購入，およびメキシコ国立自治大学（UNAM）所蔵の文献検索などでお世話になった。どなたもみな快く，実に懇切丁寧に筆者を導いてくれた。メキシコを好きな理由がまた一つ増えた気がする。この場を借りてみなさまに心からの謝意を表したい。また，出版元である新評論とのおつきあいは十数年にわたるが，今回は同編集部の吉住亜矢氏に大変お世話になった。吉住氏には多くの助言や補足情報の検索などの面で助けられたし，膨大な数の写真の中から適切なカットを選ぶ作業は筆者一人の力ではどうにもならなかっただろう。感謝してやまない。

なお，刊行に先立って，筆者は本書のエッセンスをまとめた小論「癒しの死神を視る——サンタ・ムエルテの図像学序説」（加藤隆浩編『ラテンアメリカの民衆文化』南山大学ラテンアメリカ研究センター研究シリーズ第3巻，行路社，2009年所収）を発表した。本書では割愛した専門的な注釈や文献などについてはこちらをご参照いただければ幸いである。

参考資料

◎単行本・論文

Adeath, Claudia y Kristensen, Regnar [2007] *La Muerte de tu lado,* Casa Vecína
Ambrosio, Juan [2003] *La Santa Muerte biografía y culto,* Editorial Planeta Mexicana, S. A. de C. V. (初版 1994)
Arijidis, Homero [2006] *La Santa Muerte tres relatos de idolatría pagana,* Punto de Lectura S. A. de C. V.
Cruz Jiménez, Francisco [2010] *Tierra Narca,* Editorial Temas' de Hoy
De Jesús, Martín (ed.) [date anon] *Santuario de la Santa Muerte, historia, novena y oraciones,* tomo I y II, Legaria Ediciones S. A. de C. V.
Domínguez de la Rosa, Francisco, Alberto Guzmán Rojas, Carlos, y Contreras Esparza, Roberto (ed.) [2004] *La Santa Muerte y otras historias reales,* Grupo Editorial Tomo, S. A. de C. V.
Ediciones Montemayor (ed.) [2003] *El Culto a la Santa Muerte,* Ediciones Montemayor S. A. de C. V.
Ediciones Nueva Vida (ed.) [date anon] *Rituales, Oraciones con la Protección de La Santisima Muerte,* Ediciones Nueva Vida
────── (ed.) [date anon] *El Libro de la Santa Muerte,* Ediciones Nueva Vida
Grupo Editorial Tomo (ed.) [2005] *Altares, Ofrendas, Oraciones y Rituales a la Santa Muerte,* Grupo Editorial Tomo S. A. de C. V.
Guttmán, Arthemis [2006] *Practica del Culto a la Santa Muerte,* Editores Mexicanos Unidos, S. A.
Monsivais, Carlos et al. [2004] *Viento Rojo diez historias del narco en México,* Plaza Janes
Museo Universitario de Ciencias y Artes (ed.) [1975] *La Muerte expresiones mexicanas de un enigma,* UNAM
Navarrete, Carlos [1982] *San Pascualito Rey y el Culto a la Muerte en Chiapas,* Instituto de Investigaciones Antropologicas, UNAM
Velázquez, Oriana [2006] *La Santa Muerte Milagros, Ofrendas, Oraciones y otros temas,* Editores Mexicanos Unidos, S. A. de C. V.
加藤薫 [1998]『ニューメキシコ 第四世界の多元文化』新評論
────── [2009]「癒しの死神を視る──サンタ・ムエルテの図像学序説」、加藤隆浩編『ラテンアメリカの民衆文化』南山大学ラテンアメリカ研究センター研究シリーズ第3巻, 行路社
────── [2009]「図像から見えるメキシコ」、畑恵子・山﨑眞次編著『ラテンアメリカ世界のことばと文化』成文堂
────── [2010]「マルベルデ考」、『麒麟』19号, 神奈川大学
────── [2011]「民衆の欲望を反映した色の記号性について──メキシコのサンタ・ムエルテと日本の招き猫の色彩表象比較」、三星宗雄編著『世界の色の記号──自然・言語・文化の諸相』御茶ノ水書房
小林貴徳 [2009]「義賊から民衆聖者へ──メキシコのマルベルデをめぐる民衆宗教の動態」、加藤隆浩編『ラテンアメリカの民衆文化』前掲

◎雑誌・フォリオ
El Angel de la Santa Muerte, Breve Historia y Fundamentos Biblicos, date anon
La Santisima, Núm. 20, 2006
La Santisima Muerte, en "Antropología", Núm. 68, 2002
La Santa Muerte origen y actualidad, en "arqueología Mexicana", Vol. XIII-Núm.76, 2005
"Iglesia Santa, Catorica, Apostolica, tradicional Mex-USA, Historia y Compendio de Doctrinas", 2007
"Los Poderosos Secretos de la Santa Muerte, rituals, balsamos y recetas para el dinero, el amor y la salud", date anon
"Santuario de la Santisima Muerte Niña Blanca, Mercado Sonorita, Novena La Santisima Muerte", date anon
「麻薬聖人　メキシコの心の闇」,『ナショナルジオグラフィック日本版』2010年5月号

◎DVD
Armagedonn presenta, *La Santa Muerte, por Paco del Toro,* 2006
MINA Editores presenta, *Devoción a la Niña Blanca,* 2007

◎CD
Grupo Los Llaras, *Mi Santa Muerte,* Fracor, 2007
50 Aniversario Mercados de Tepito sonido directamente del Barrio de Tepito, 2007

著者紹介

加藤　薫（かとう・かおる）
1949年生まれ。中南米・カリブ圏・米国ラティーノ美術研究者，評論家，神奈川大学教授。国際基督教大学卒業後，ラス・アメリカス大学大学院芸術学部修了。1991年より現職。毎年アメリカ大陸を訪れ，美術の現地調査研究に従事するほか，各種美術展の企画やテレビ番組制作にも携わる。主著に『ラテンアメリカ美術史』（現代企画室　1987），『ニューメキシコ　第四世界の多元文化』（新評論　1998），『キューバ☆現代美術の流れ』（スカイドア　2002），『21世紀のアメリカ美術　チカーノ・アート』（明石書店　2002），『メキシコ壁画運動』（現代図書　2003），『ディエゴ・リベラの生涯と壁画』（岩波書店　2011）など。

骸骨の聖母サンタ・ムエルテ
現代メキシコのスピリチュアル・アート

2012年3月5日　初版第1刷発行

著　者　加　藤　　　薫

発行者　武　市　一　幸

発行所　株式会社　新　評　論

〒169-0051　東京都新宿区西早稲田3-16-28
http://www.shinhyoron.co.jp
電話　03（3202）7391
FAX　03（3202）5832
振替　00160-1-113487

落丁・乱丁本はお取り替えします
定価はカバーに表示してあります

印刷　フォレスト
製本　中永製本所
装訂　山田英春

©加藤　薫　2012　　ISBN978-4-7948-0892-9
Printed in Japan

JCOPY　〈(社)出版者著作権管理機構　委託出版物〉
本書の無断複写は著作権法上での例外を除き禁じられています。複写される場合は，そのつど事前に，(社)出版者著作権管理機構（電話03-3513-6969，FAX03-3513-6979, E-mail: info@jcopy.or.jp）の許諾を得てください。

新評論 好評既刊

加藤 薫
ニューメキシコ　第四世界の多元文化
異なる文化が交感しあう米国ニューメキシコ州のさまざまな魅力を、人と歴史と自然を捉えて重層的に描く初のサウスウエスト・ガイド！ 図版多数。

A5上製　312頁　3360円　ISBN4-7948-0387-7

山﨑眞次
メキシコ　民族の誇りと闘い
多民族共存社会のナショナリズム形成史

統合のイデオロギーに抗い、多様なルーツをあるがままに継承する人々の苦難の歴史と、そこから生まれる「異種混交社会」のダイナミズムを解読。

A5上製　318頁　3360円　ISBN4-7948-0637-X

大村香苗
革命期メキシコ・文化概念の生成
ガミオ-ボアズ往復書簡の研究

米・墨の人類学の創始者二人が交わした膨大な書簡から、両者の葛藤と交差の軌跡、〈文化〉概念をめぐる対話を浮き彫りにする意欲作。

A5上製　414頁　6300円　ISBN978-4-7948-0723-6

国本伊代
メキシコの歴史
多民族社会の有史1万年にわたる波乱の軌跡をわかりやすく俯瞰する格好の入門書。写真・図版480点収録のパノラマ歴史書！

A5上製　416頁　5040円　ISBN4-7948-0547-0

フアン・アリアス／八重樫克彦・八重樫由貴子訳
パウロ・コエーリョ　巡礼者の告白
「神秘と魔術」の主題で世界中の読者を魅了するベストセラー作家が、厚い信頼を寄せる記者に創作と人生の秘密を告白した心揺さぶる対話！

四六上製　232頁　2520円　ISBN978-4-7948-0863-9

＊表示価格はすべて消費税（5％）込みの定価です。

新評論 好評既刊

J・エリック・S・トンプソン／青山和夫訳
マヤ文明の興亡
19-20世紀前半のマヤ学の成果を総合化した不朽の名著，待望の完訳！ マヤ研究の第一人者である訳者による懇切な注・解説・最新参考文献リスト付。

A5上製　432頁　4725円　ISBN978-4-7948-0784-7

佐野　誠
もうひとつの「失われた10年」を超えて
原点としてのラテン・アメリカ

「新自由主義サイクル」の罠に陥り迷走を続ける現代日本。その危機の由来と解決の指針を，70年代以降の中南米の極限的な経験に読みとる。

A5上製　304頁　3255円　ISBN978-4-7948-0791-5

内橋克人・佐野　誠編　　　シリーズ〈「失われた10年」を超えて〉❶
ラテン・アメリカは警告する
「構造改革」日本の未来

日本の知性・内橋克人と第一線の中南米研究者による注目の共同作業，第一弾！ 中南米の経験を軸に日本型新自由主義を乗り越える戦略的議論を提示。

四六上製　355頁　2730円　ISBN4-7948-0643-4

田中祐二・小池洋一編　　　シリーズ〈「失われた10年」を超えて〉❷
地域経済はよみがえるか
ラテン・アメリカの産業クラスターに学ぶ

多様な資源，市民・行政・企業の連携，厚みある産業集積を軸に果敢に地域再生をめざす中南米の経験に，現代日本経済への示唆を探る。

四六上製　432頁　3465円　ISBN978-4-7948-0853-0

篠田武司・宇佐見耕一編　　　シリーズ〈「失われた10年」を超えて〉❸
安心社会を創る
原点としてのラテン・アメリカ

新自由主義によって損なわれた社会的紐帯を再構築しようとする中南米の人々の民衆主体の多彩な取り組みに，連帯と信頼の社会像を学びとる。

四六上製　320頁　2730円　ISBN978-4-7948-0775-5

＊表示価格はすべて消費税（5％）込みの定価です。

新評論　好評既刊

M・R・アンスパック／杉山光信訳
悪循環と好循環
互酬性の形／相手も同じことをするという条件で

カップル，家族，コミュニティからグローバル化経済の領域まで，人間社会の循環的関係を鮮やかに析出！　贈与交換論の最先端議論。

四六上製　224頁　2310円　ISBN978-4-7948-0891-2

J・ブリクモン著／N・チョムスキー緒言／菊地昌実訳
人道的帝国主義
民主国家アメリカの偽善と反戦平和運動の実像

アメリカを中心に展開されてきた戦争正当化のイデオロギーと政治・経済システムの欺瞞を徹底的に暴き，対抗と運動の新たな道筋を提示する。

四六上製　312頁　3360円　ISBN978-4-7948-0871-4

白石嘉治・大野英士編
増補　ネオリベ現代生活批判序説

「日本初のネオリベ時代の日常生活批判の手引書」（酒井隆史氏）にして「現代日本を読み解くバイブル」（雨宮処凜氏）。実践的深度を加えた待望の増補！

四六並製　320頁　2520円　ISBN978-4-7948-0770-0

大野英士
ユイスマンスとオカルティズム

澁澤や三島を熱狂させた異端の作家の「回心」を軸に，世紀末西欧の知の大変動から現代のゴス・カルチャー隆盛までを読み解く渾身の文学・文明論。

A5上製　616頁　5985円　ISBN978-4-7948-0811-0

M・J・S・ラドウィック／菅谷　暁訳
太古の光景
先史世界の初期絵画表現

「人類が存在しない時代の光景」はいかに描かれてきたか。現代最高の科学史家が105枚の貴重な図版でたどる科学＝芸術的想像力の歴史。

ワイド版変型　並製　296頁　4725円　ISBN978-4-7948-0805-9

＊表示価格はすべて消費税（5％）込みの定価です。